LES BORGIA À BUCKINGHAM

Marc Roche

Les Borgia à Buckingham

Albin Michel

À Paul

Sommaire

Principaux personnages

La Reine Elizabeth II, fille aînée du Roi George VI et de la Reine-mère Elizabeth.

Le prince Philip, mari de l'actuelle souveraine, décédé en 2021.

La Reine Elizabeth II et le prince Philip ont quatre enfants et huit petits-enfants :

- Le prince Charles, fils aîné et héritier du Trône. Marié en premières noces à la princesse Diana et en secondes à Camilla, duchesse de Cornouailles. Il a eu deux enfants de sa première épouse : William, deuxième dans l'ordre de succession, qui a épousé Kate dont il a eu trois enfants, et Harry, marié à Meghan qui lui a donné deux enfants.

- La princesse Anne, seule fille de la Reine et du duc d'Édimbourg. Divorcée puis remariée à Timothy Lawrence. Elle a eu deux enfants, Peter et Zara Phillips, de sa première union.

- Le prince Andrew, deuxième fils d'Elizabeth II et de Philip, divorcé de Sarah Ferguson, avec qui il a eu deux filles : les princesses Beatrice et Eugenie.

- Le prince Edward, dernier enfant du couple royal, marié à Sophie Rhys-Jones, devenue comtesse de Wessex ; ils ont eu deux enfants.

Susan Hussey, première dame de compagnie d'Elizabeth II.

Carole Middleton, la mère de Kate.

Christopher Geidt, secrétaire particulier de la Reine (2007-2017).

Edward Young, secrétaire particulier de la Reine (depuis 2017).

Simon Case, secrétaire particulier du prince William (2018-2020), puis secrétaire général du gouvernement.

Prince Michael de Kent, cousin germain de la Reine.

Sir John Stevens, ex-commissaire en chef de la police londonienne, chargé de l'enquête britannique sur la mort de Diana.

Tom Bradby, journaliste, ami de Meghan et Harry.

Oprah Winfrey, animatrice la plus puissante des États-Unis, amie proche de Meghan.

Les Borgia, les Windsor, deux grandes familles au cœur de l'Histoire

Famille maléfique et prête à tout, faisant régner la terreur au Vatican au début du XVe siècle, les Borgia ont marqué l'histoire de la Renaissance et n'ont cessé de fasciner les peuples. Des liens obscurs, sulfureux, rattachaient le pape Alexandre VI, sa fille Lucrèce et son fils, le sanguinaire César, un héritier qui prétendait agir au nom de son père.

La réalité d'hier à Rome et dans plusieurs villes d'Italie, de France et d'Espagne, a rejoint celle de Buckingham Palace de nos jours. Débauche, cruauté, intrigues politiques, trafic d'influence en coulisses… À l'image de la dynastie maudite, les Windsor, par leurs aventures – Diana, les frasques du prince Charles, l'exil du couple Harry-Meghan… – continuent à défrayer la chronique… le sang et le poison en moins.

Préliminaires

Incroyable, oui ! Véridique, aussi ! Ce livre n'est pas une fiction, il est fondé sur des faits réels. *Les Borgia à Buckingham* traite d'évènements avérés que j'ai reconstitués grâce à une enquête minutieuse et à des sources publiques ou personnelles mentionnées dans les notes, page par page. Si les choix des thèmes sont arbitraires, les dialogues ont été reconstruits avec soin pour refléter fidèlement une saga que même la série culte *The Crown* n'a pas osé traiter. Le tout se déroule dans un huis clos où se négocie la maîtrise du pouvoir régalien dans la confidentialité et la méfiance.

En effet, au-delà des fastueux chromos à destination de l'opinion publique mondiale, la royauté britannique se laisse difficilement saisir en raison des deux mêmes écueils auxquels j'ai été confronté tout au long de cette investigation : la rareté des sources crédibles et la déférence du premier cercle.

Comme on dit familièrement, sur les questions royales, « ceux qui savent ne parlent pas et ceux qui parlent ne savent pas ». Ce silence des *Royals* est propice à la propagation de rumeurs, de potins ou d'informations de seconde main. Avec la jeune génération Windsor, bien plus méfiante à l'égard des médias que ses aînés, l'information venue du Palais est encore plus verrouillée que par le passé. Les séances photo (*photo opportunities*) complètement fabriquées sont devenues la norme des rencontres avec la presse. Plus que jamais, la famille royale fuit les journalistes, à commencer par les chroniqueurs accrédités à Buckingham Palace dont l'auteur de ces lignes a fait partie jusqu'à il y a peu.

La déférence qui entoure la famille royale britannique peut néanmoins faire facilement tomber dans le piège de l'hagiographie. Motivés par la complaisance, les historiens, essayistes, anciens collaborateurs du Palais ou courtisans pourvoyeurs de l'influence royale – ceux que j'appelle les « observateurs à gages » – s'attachent à décrire la royauté telle qu'elle souhaite qu'on la voie plutôt que telle qu'elle est. Pour ne pas tomber dans ce piège et pour protéger mon indépendance éditoriale, j'ai choisi de ne pas rechercher la coopération du Palais. Ce fut déjà le cas lorsque j'ai écrit ma dernière biographie sur Elizabeth II, *Elle ne voulait pas être reine !*, publiée en 2020 chez Albin Michel.

J'ai pu contourner ces obstacles majeurs en travaillant à partir de documents, de témoignages et de ma propre expérience de chroniqueur royal basé à Londres pendant plus de trois décennies. Ce livre est le fruit de rencontres faites, depuis mon installation dans la capitale britannique en 1985, avec la souveraine, les membres de sa famille, les anciens et actuels collaborateurs du Palais, les diplomates ainsi que le personnel politique. La presse populaire britannique est une autre source précieuse. Les tabloïds couvrent extensivement l'actualité royale, en particulier les secrets d'alcôve, en rémunérant grassement ses informateurs. J'ai pris la liberté, pour seulement quelques passages retraçant l'intimité de certains couples, de mettre en scène ces rapports à partir de ce que l'on sait. Enfin, ma « Lettre de Buckingham » hebdomadaire, publiée dans *Le Point* de manière ininterrompue depuis la mi-2020, m'a été très utile.

L'évènement qui m'a amené à me lancer dans la rédaction de cet ouvrage a été l'image du cortège des ducs et princes royaux, la poitrine constellée de médailles, marchant à l'unisson derrière le cercueil du prince Philip, le 17 avril 2021, sous les regards du monde entier. Le cliché était trop trompeur et j'ai voulu raconter cette imposture. La lignée Windsor n'a jamais été celle des monnaies et des médailles olympiennes. Ruses, guets-apens et anathèmes se succèdent dans les palais de la dynastie. Dans cet univers claustrophobe, la paranoïa, les suspicions et les détestations justifient toutes les dérives. C'est aussi un extraordinaire récit de cynisme et de raison d'État comme seule une monarchie remontant à la nuit des temps peut en susciter. Le clan Windsor, dont les membres ont peu de choses en commun si ce n'est l'arrogance, l'égoïsme et le comportement d'enfants gâtés, est intrinsèquement dysfonctionnel.

En cela, les Windsor peuvent être comparés aux Borgia de la Renaissance… le sang et le poison en moins.

Cette tragicomédie, où se mêlent les fastes et les frasques, est composée de quarante-sept saynètes construites sous forme de dialogues à la manière d'une série télévisée et de textes destinés à replacer les évènements dans leur contexte et à poser les enjeux pour les différents personnages. Si certains échanges peuvent paraître secs et manquant parfois de naturel et d'intimité, c'est parce que les Windsor s'expriment avec une intonation compassée et figée. Ce sont des animaux à sang-froid dont le visage marmoréen est difficile à déchiffrer. Ils montrent rarement leurs émotions selon le principe cher au code de conduite de la haute société anglaise, le *stiff upper lip*, littéralement « la lèvre impassible », synonyme de flegme face à l'adversité.

« Notre famille, nous quatre », disait George VI à propos du retour au modèle traditionnel que souhaitaient les Britanniques après l'extravagance du règne de son frère, Edward VIII, le plus court et l'un des plus dramatiques de l'histoire du pays. Il s'agissait du roi George VI, de son épouse et de leurs deux filles, la princesse héritière Elizabeth et Margaret.

Remettons cet énoncé au goût du jour : « La famille, nous trois. » En l'occurrence la Reine, Charles et William. Après avoir surmonté bien des épreuves et s'être débarrassé des « branches pourries », le triumvirat mère, fils et petit-fils a triomphé. En dépit d'une timidité naturelle, le trio accomplit consciencieusement ses tâches dans une sorte de complicité tenant à l'identité du destin. Les protagonistes ont accepté sans broncher les servitudes de l'institution monarchique, ses rites, sa pompe et son cérémonial pour la grandeur du pays. Le noyau dur de la lignée a emprunté son leitmotiv à Churchill : « Avec les crises viennent les opportunités. »

Elizabeth II, Charles et William flanqués de leurs épouses, Camilla et Kate, seront au centre de la célébration des soixante-dix ans de règne de la souveraine, le jubilé de platine dont les festivités se déroulent début juin. Grâce à eux, la couronne d'Angleterre est plus solide aujourd'hui qu'elle ne l'a jamais été.

Je voulais que ce document consacré à la monarchie britannique, l'une des institutions les plus anachroniques et secrètes au monde, se lise comme un thriller centré sur le triptyque du genre : pouvoir, mœurs, argent.

J'espère y être parvenu.

I

Le piège

1

Meghan tombe dans un piège

(janvier 2020)

PARTICIPANTS : La Reine, Charles, William et Harry, les secrétaires particuliers de chacun, Edward Young et Mr Clive Alderton[1], ainsi que la dame de compagnie de la souveraine, Lady Susan Hussey[2].

LIEU : Le château de Sandringham (Norfolk, est de l'Angleterre), propriété privée de la Reine où elle passe traditionnellement ses vacances d'hiver et de Pâques.

Le sommet de Sandringham se déroule le lundi 13 janvier 2020, après le fracassant communiqué de Harry et Meghan faisant état de leur désir d'émancipation « tout en continuant à soutenir la Reine, le Commonwealth et les associations philanthropiques qu'ils président ». Dans la petite pièce oblongue de la bibliothèque du château, la Reine a convoqué Charles, William, Harry et leurs plus proches collaborateurs. En l'absence de Meghan restée – bouder ? – au Canada, Harry est seul pour affronter la famille.

La Reine : Mesdames, Messieurs, bienvenue à Sandringham. J'aimerais que le problème qui nous réunit soit réglé rapidement et dans l'intérêt de chacune des parties[3]. En raison de cette réunion, j'ai été contrainte de demander à mes invités du week-end de quitter les lieux après le déjeuner dominical au lieu du lundi matin habituel. Je suis mortifiée de cette impolitesse ! Comme vous le savez, je déteste être bousculée.

Harry : Après une longue réflexion et des discussions, nous souhaitons, Meghan et moi, construire progressivement un nouveau rôle au sein de l'Institution.

Edward Young : Cette déclaration d'indépendance unilatérale est, je le crains, un affront à l'autorité de Sa Majesté qui a été prise au dépourvu.

La Reine : D'autant que je t'avais demandé, Harry, de mettre tes projets par écrit et de les adresser à ton père.

Charles : J'ai bien reçu la lettre et j'en ai longuement parlé avec William. Comme tu le sais, Harry, les décisions au Palais prennent du temps. Meghan et toi avez fait preuve d'impatience.

Harry : Pourquoi n'avez-vous pas communiqué le document à Granny ?

Charles : Il fallait d'abord laisser faire les officiels pour présenter à Mamy une solution clé en main.

William : Tu aurais pu nous avertir avant de publier le communiqué. Vous vous êtes comportés comme des malotrus.

Harry : Dans cette institution, la seule manière de se faire entendre est d'être brutal.

Edward Young : Si je puis me permettre, Ma'am, il serait plus utile de revenir à l'objet de la réunion.

La Reine : Vous avez raison, Edward.

Edward Young : Nous avons accueilli Meghan les bras ouverts. Nous avons fait le maximum pour lui faciliter l'intégration dans cette institution.

Harry : Alors ça… ! Ma femme se trouve dans une situation intenable. L'exposition médiatique dont elle est la cible est intolérable. Sans parler du racisme à la Cour… C'est pourquoi nous voulons vivre une partie de l'année aux États-Unis.

William : Comment oses-tu ! Nous ne sommes pas une famille raciste.

La Reine : Harry, je me permets de revenir à l'objet de ce conclave familial ?

Harry : Oui, Granny. Navré de m'être emporté mais nous voulons faire notre chemin tout en continuant à remplir des obligations royales. Où est le problème ?

Edward Young : Malheureusement, Votre Altesse royale, le statut un pied dedans, un pied dehors n'existe pas. C'est tout ou rien.

Harry : On peut faire une exception, peut-être ?

La Reine : Tu sais que ce n'est pas bien raisonnable. Edward a raison.

Edward Young : Merci, Ma'am. La seule solution, je le crains, est de renoncer au titre d'Altesse royale et à vos fonctions militaires et de cesser de recevoir des fonds publics.

Harry : Je n'en crois pas mes oreilles. Pour l'amour du Ciel, Granny, faites quelque chose.

La Reine : Je suis désolée. Je ne peux rien faire de plus.

Harry : C'est incroyable. Rien qu'un petit geste pour faciliter notre départ.

La Reine : La réponse est non. De notre côté, tout a été dit. Il n'y a aucune marge de compromis.

Harry : C'est à désespérer de cette famille ! J'ai l'impression que tout est déjà décidé ! Rester à l'intérieur de la famille royale est une maigre consolation au vu des énormes sacrifices que vous nous demandez.

William : Rien ne t'obligeait à couper les ponts.

Harry : Tu crois que je ne comprends pas ton petit jeu ? Kate est désormais débarrassée d'une rivale qui lui faisait de l'ombre.

William : Tu es ridicule. C'est Meghan qui t'a mis ça dans la tête ? Mais fais attention, tu vas t'emmerder dans ton exil oisif et doré au milieu de célébrités d'Hollywood.

La Reine : Tel avait été le triste sort de mon oncle David [ex-Edward VIII, devenu duc de Windsor]. Son abdication avait failli faire sombrer la monarchie. Heureusement que mes parents étaient là pour la sauver[4].

Charles : Sa vie en exil a été bien triste, pleine d'amertume. La peur de manquer d'argent le tenaillait.

Harry : Je ne vais pas hériter de la Couronne, que je sache. Il n'y a aucune comparaison entre nous. Granny, puis-je appeler Meghan pour en parler en privé ?

La Reine : Bien sûr, mais ne t'attarde pas trop longtemps. L'essentiel à ce stade est qu'il n'y ait aucune fuite. J'insiste sur ce point. Meghan a la regrettable habitude d'être régulièrement en contact avec des journalistes américains…

Harry quitte la pièce un moment.

William : Harry revient ! Il a l'air assez perdu.

Harry : J'ai parlé à Meghan qui vous embrasse. Elle est effondrée. Elle s'attendait à un geste de votre part. De toute manière, on n'a pas d'autre choix que d'accepter votre diktat. OK en ce qui nous concerne, sauf sur le plan financier.

La Reine : Vois cela avec ton père. C'est lui qui finance mes deux petits-enfants par le truchement du duché de Cornouailles[5] qui lui appartient en nom propre.

Charles : Harry n'arrête pas de me harceler pour que… je paie.

La Reine : Cesse de te plaindre, Charles. Tu en as largement les moyens. Si je ne m'abuse, les sommes versées sont déductibles des impôts, c'est ça ?

Edward Young : Oui, Ma'am.

Charles : Néanmoins, je ne suis pas une pompe à fric[6].

La Reine : Bon, il est seize heures. L'heure du thé. Je m'éclipse en vous laissant le soin de peaufiner votre décision. Merci à tous. Je vous souhaite une bonne soirée.

Le sommet de Sandringham est terminé. « Harry et Meghan ne rempliront plus d'obligations royales et ne peuvent plus formellement représenter la Reine », annonce le communiqué final. Dans une déclaration personnelle, Elizabeth II se félicite que « Harry, Meghan et Archie [leur fils] restent des membres très chers de ma famille » tout en affirmant soutenir « leur souhait d'une vie plus indépendante ». Le duc et la duchesse renoncent à leur titre d'Altesse royale, cessent de recevoir des fonds publics et doivent rembourser au contribuable la rénovation de leur cottage situé dans le parc de Windsor. C'est l'indépendance mais au prix fort.

2

Kate-William, le mariage arrangé
(avril 2011)

PARTICIPANTS : Kate, Carole Middleton.

LIEU : Le Goring Hotel à Londres, haut lieu londonien de la gentry britannique[1].

Neuf ans plus tôt. On est à la veille du mariage de William et de Kate. La famille de la future mariée, les Middleton au grand complet, est descendue à l'hôtel Goring, proche de Buckingham Palace. Le lendemain à 9 h 51, la mariée doit gagner l'abbaye de Westminster adjacente, sous les yeux de deux milliards de téléspectateurs.

Que n'a-t-on pas raconté sur les Middleton[2] ? L'arrière-grand-père de Kate, du côté maternel, était mineur et sa grand-mère vendeuse en magasin. L'allée qui mène à leur maison n'est pas de ce gravier qui fait crisser les roues d'une vieille Bentley au cuir fatigué, mais en simple bitume pour un vulgaire 4×4. Plus shocking encore, la mère de la mariée a été entendue demander la direction des « toilettes » au lieu du lavatory. Kate a-t-elle souffert du snobisme invétéré de l'aristocratie ? Elle n'a jamais émis le moindre commentaire à ce sujet. Sans devoir jouer des coudes, elle a incorporé dès l'adolescence le cercle social des aristocrates ou des grands bourgeois portant un nom à rallonge qui gravitent autour des jeunes Royals. La future épouse de William s'est facilement intégrée dans le pensionnat très chic de Malborough College en excellant dans les sports nobles féminins, le hockey sur gazon et le netball, ce qui ne l'empêche pas de se distinguer à la voile, au tir au fusil et au ski. Celle que ses camarades décrivent comme solide, fiable et amusante a tissé dans cette pépinière de luxe des amitiés bien utiles pour la suite de sa carrière.

Au bar réquisitionné pour l'occasion, la future duchesse de Cambridge[3] *discute avec sa mère, Carole Middleton, de ce qui a été jusqu'ici leur stratégie.*

Carole : Dix ans, c'est une bien longue attente mais on y est arrivé.

Kate : Grâce à toi, maman !

Carole : C'est vrai que je n'ai rien laissé au hasard.

Kate : Tu as été formidable. Quel flair et quelle ingéniosité ! Tu es imbattable !

Carole : Heureusement que tu as accepté d'abandonner ton projet de fac à Édimbourg quand nous avons appris dans le *Daily Telegraph* que William avait été accepté à

St Andrews[4]. Avec ton congé sabbatique d'un an, tu t'es retrouvée dans la même année que lui. On a bien joué.

Kate : Le pari était très risqué ! L'offre de l'université d'Édimbourg était ferme alors qu'à St Andrews, j'étais sur liste d'attente. Il y avait une file d'attente pour être dans la même année que William.

Carole : Toutes les pimbêches d'Angleterre ! Mais en choisissant la filière histoire de l'art, tu t'es glissée dans le groupe des jeunes filles bien nées.

Kate : Pas mal pour une fille qui vient d'une famille prolo. Et le plus drôle, c'est que c'est par les farces et attrapes qu'on est entrés dans la haute. Mes aïeux doivent se retourner dans leur tombe.

Carole : C'est vrai, rien d'aristocratique, que je sache ! Mais ne néglige pas le rôle de l'éducation. C'est parce qu'on t'a payé le pensionnat privé hors de prix de Marlborough que tu as pu apprendre les codes d'entrée dans le monde. Je dirais, pour parler familièrement, qu'on a réalisé un bon retour sur investissement[5].

Kate : Tu as failli tout gâcher en racontant à oncle Gary le début de notre romance en 2003. Gary parle trop. Il a alerté la presse tabloïd[6].

Carole : Je sais, mon frère est un bavard impénitent. Heureusement que William était fou amoureux à l'époque.

Kate : Cela ne l'a pas empêché de me plaquer en 2007 par un simple appel téléphonique au travail en prétextant piteusement qu'à vingt-quatre ans il n'était pas prêt pour le mariage. On m'a rapporté que lors de son entraînement au camp de Salisbury Plains, il sortait très souvent dans les dancings de Southampton où il avait un succès fou auprès des filles du coin[7].

Carole : Il était très immature. Tu supportais mal les règles de camaraderie machiste de son régiment. Mais il est revenu comme un caniche.

Kate : Certes, mais j'ai dû poireauter pendant quatre ans, à attendre sa proposition de mariage, à supporter le sobriquet de « *Waity Kate* » [« la Kate qui attend »] dont la presse m'avait affublée. Sans parler des sarcasmes derrière mon dos de mes copines qui avaient pitié de moi !

Carole : William hésitait en raison de l'échec du mariage de ses parents qui l'avait traumatisé.

Kate : Charles-Diana était un mariage arrangé.

Carole : Tu m'excuseras, mais le tien n'est pas exactement le mariage d'amour des contes de fées. Ce ne fut pas le coup de foudre. Tu sais, on a dû pousser William enchaîné vers l'autel !

Kate : N'en rajoute pas, maman ! Mais ce qui est certain, c'est que William est peu sûr de lui sous ses dehors bravaches. C'est un introverti qui a du mal à exprimer ses sentiments. Il dissimule ses qualités quand d'autres les étalent.

Carole : En tout cas, ta feuille de route est simple : faire l'inverse de Diana ! Sois sensée et discrète et toujours soucieuse de ne pas faire d'ombre en public à ton royal mari. Et donne-lui rapidement un bébé et le tour sera joué.

Kate : Allons nous coucher. La journée de demain sera éprouvante. Merci, maman, de tes conseils. Bonne nuit.

Six ans plus tard, le couple William-Kate apparaît comme un modèle de la gentry anglaise. Mais Harry, lui, se morfond. La roue tourne !

3

Harry annonce qu'il veut épouser Meghan

(novembre 2017)

PARTICIPANTS : William, Harry.

LIEU : Kensington Palace, l'ancienne demeure londonienne de la princesse Diana où résident les deux frères[1].

Harry vient de faire la connaissance de Meghan, métisse, divorcée, américaine et comédienne d'Hollywood.

Les artistes et la famille royale ne font pas bon ménage. Le prince Edward, dernier enfant de la Reine, a été contraint de mettre fin à sa carrière de producteur de documentaires. Le mariage entre Margaret, sœur de la Reine, et le photographe Anthony Armstrong-Jones a été un désastre. La princesse Diana s'est fourvoyée dans le monde de la mode. À Cambridge, le prince Charles a tâté du théâtre en amateur sans jamais donner suite. William et Kate ont étudié l'histoire de l'art, mais ne sont guère passionnés par les visites de musées.

Quant à Elizabeth II, contrairement à sa sœur Margaret ou à sa mère, elle ne s'intéresse pas à la vie culturelle, exception faite de la photographie, l'un de ses passe-temps préférés. Peu portée sur l'opéra et la musique classique, pourtant distractions favorites des classes supérieures, elle préfère les opérettes de Gilbert et Sullivan, équivalents anglais des compositions d'Offenbach. Parce qu'il se méfie des idées, de l'imagination, presque de l'intelligence, l'establishment anglais a tendance à considérer la vie culturelle comme une activité stérile[2].

Harry : Tu as rencontré Meghan à plusieurs reprises. Comment tu la trouves ?

William : Jolie, exotique.

Harry : Elle est très sympa.

William : Une forte personnalité en tout cas, et qui n'aime guère la contradiction, mais je l'apprécie.

Harry : C'est une femme de conviction engagée dans des causes humanitaires.

William : Je la trouve très extravertie, ce qui est une bonne chose. Elle n'a pas sa langue dans sa poche et parle très facilement avec tout le monde.

Harry : On a beaucoup de points communs, notamment des parents divorcés, l'humour, la volonté de faire bouger les choses…

William : Je vois. C'est une fille très nature en tout cas.

Harry : Elle est copine avec des tas de célébrités d'Hollywood.

William : Je l'avais suivie dans la série télévisée *Suits* dont j'étais accro. Je la trouvais très sexy.

Harry : C'est une fille moderne, éloquente et convaincante.

William : Je n'en doute pas. Tu dois prendre ton pied. Rappelle-moi comment vous vous êtes rencontrés ?

Harry : Lors d'un *blind date* [rendez-vous à l'aveugle] arrangé par l'entremise d'une amie commune, Violet [von Westenholz, attachée de presse de Ralph Lauren[3]]. Typiquement américain…

William : Ce nom ne me dit rien.

Harry : J'ai été immédiatement subjugué.

William : Comme toujours avec toi.

Harry : William… Je ne sais pas comment te le dire…

William : Oui. Je t'écoute, frérot.

Harry : Je veux l'épouser.

William : Tu déconnes ! C'est encore une de tes blagues.

Harry : J'en suis follement amoureux. J'ai enfin trouvé l'âme sœur. Elle coche toutes les cases.

William : Et alors ? Ce n'est pas une raison pour l'épouser.

Harry : J'en ai marre d'être seul. Je suis déjà passé à côté de femmes que j'aimais. C'est pas un cadeau d'entrer dans la famille ! Chelsy et Cressida étaient des filles fabuleuses que je voulais épouser mais elles m'ont laissé tomber à cause des paparazzis.

William : Kate a subi la même traque médiatique infernale et n'a pas craqué. Harry, rien ne presse.

Harry : Pourquoi dis-tu ça ? Meghan est une personne formidable. Ça a été le coup de foudre dès notre première rencontre.

William : Arrête, tu ne la connais que depuis quelques mois. Ma liaison avec Kate a duré dix ans avant que je me décide à l'épouser.

Harry : Et alors ? Tu es mon frère et tu ne veux pas que je sois heureux ? Je n'en crois pas mes oreilles.

William : Harry, je te rappelle que tu es un *working royal* qui représente la souveraine. Le devoir d'un membre de la famille est d'épouser une personne qui s'intégrera facilement à notre monde, même si elle est roturière, et assurera la descendance, on ne peut pas faire n'importe quoi. Tu fuis tes responsabilités[4].

Harry : OK, elle est métisse. Mais c'est un point fort. Tu n'as pas entendu parler de la diversité ?

William : Je trouve que tu vas toujours trop vite en besogne, c'est tout.

Harry : Tu es tellement vieux jeu et conventionnel. Heureusement que Granny est plus ouverte d'esprit que toi. C'est sa carrière à Hollywood qui te dérange ?

William : Tu es un prince royal. Tu ne peux pas épouser la première venue.

Harry : Ça te va bien de dire ça ! Kate était une roturière de la classe moyenne parvenue, que je sache.

William : C'est vrai, mais elle a bénéficié d'une éducation digne d'une future reine.

Harry : Kate pourra aider Meghan en lui apprenant les codes. Elles pourront devenir amies.

William : Tu es con ou quoi ? Elle n'en a ni le temps, ni le désir.

Harry : Je me demande si tu n'es pas jaloux de ma popularité.

William : Je pensais que tu avais compris que la royauté n'a rien à voir avec un concours de popularité.

Harry : C'est facile pour toi, tu es promis au job suprême[5]. Moi, je dois me forger un rôle.

William : Désolé, Harry. Tu vaux mieux que Meghan.

Comme l'atteste sa mise en garde, William se comporte moins en frère aimant qu'en une sorte de chef du personnel chargé d'évaluer l'apport potentiel de la nouvelle venue à la monarchie.

4

Harry se déguise en nazi
(janvier 2005)

PARTICIPANTS : William, Harry.

LIEU : Highgrove, la résidence de campagne du prince Charles[1].

William et Harry sont invités à une soirée costumée sur le thème « colons et indigènes », à l'occasion de l'anniversaire de leur ami commun, Harry Meade. Le benjamin a choisi une chemise couleur sable qui irait bien avec sa chevelure rousse sans prêter attention au brassard rouge et blanc sur la manche gauche, frappé d'une croix gammée.

La photo prise en catimini par un invité est publiée le 13 janvier à la une du Sun, *le journal le plus vendu de Grande-Bretagne, barrée d'une manchette proclamant « Harry le nazi[2] ».*

William : Tu as vu la une du *Sun* ? Le cliché a plongé notre famille dans l'embarras et a suscité l'indignation générale.

Harry : Complètement beurré, bière dans une main, clope dans l'autre. J'avais fait fort ce jour-là !

William : Ne plaisante pas. La photo a été publiée à l'approche de la journée mondiale de l'Holocauste et du soixantième anniversaire de la libération d'Auschwitz. Granny devait recevoir des survivants lors d'une réception.

Harry : OK. C'était pas malin de ma part ! Mais tu sais bien que je ne suis pas un néonazi. C'est ridicule.

William : Ce que je pense de toi ne compte pas. La presse a ressorti les vieilles histoires des pseudo-sympathies nazies de notre famille et des origines allemandes de la lignée[3].

Harry : C'était une blague. De mauvais goût peut-être, mais une blague.

William : Tu as insulté les anciens combattants comme ton grand-père et la mémoire de ton arrière-grand-père, sans parler de la communauté juive, outrée à juste titre. Michael Howard [le leader de l'opposition conservatrice à l'époque] est juif. Ça fait beaucoup de monde.

Harry : Tu exagères.

William : Tu aurais pu perdre ta place à Sandhurst[4] !

Harry : Je suis comme je suis. Je ne vais pas changer pour plaire aux journalistes.

William : C'était évident que la presse n'allait pas t'épargner. Tu es un récidiviste. Pour la soirée costumée de mes vingt et un ans, tu t'étais déguisé en Zoulou, le visage recouvert de cirage.

Harry : Je n'étais pas le seul.

William : Il faut que tu sois plus attentif aux injustices subies par les minorités. Le *blackface* festif est une abomination.

Harry : Tu as raison.

William : Prends-en de la graine.

Harry : Promis, juré. En revanche, j'ai du mal à accepter les critiques de ces imbéciles de commentateurs royaux, ils ont dit que tout cela était la faute de papa qui a été trop permissif et nous a négligés.

William : Je les déteste, mais j'ai appris à les utiliser. Tu devrais faire de même.

Harry : À chaque impair, c'est moi, toujours moi qui trinque. On était allés ensemble au magasin où j'ai loué la veste et le badge de la Wehrmacht. Et tu te marrais comme un fou au retour.

William : Non, je n'étais pas d'accord. Le thème de la soirée n'était pas le IIIe Reich mais les tribus africaines au temps des colonies. J'étais déguisé en lion, avec des collants noirs et des pattes en fourrure que j'avais moi-même confectionnées.

Harry : Tu es un futur roi, je ne suis qu'une roue de rechange. Tu es intouchable, moi je suis le bouc émissaire de service, l'idiot du village.

William : Comme d'habitude, tu dis n'importe quoi. Tu es troisième dans l'ordre de succession au Trône.

Harry : On n'imagine pas combien la position de frère cadet d'un futur roi peut être un fardeau !

William : Tu crois que c'est marrant d'être deuxième dans l'ordre de succession ? J'envie ta liberté.

Harry : Je fais peut-être des bêtises mais je n'ai jamais été raciste. Tu dois me croire.

Dans un communiqué, Harry présente ses excuses, concédant que « c'était un mauvais choix de costume ».

La très haute société anglaise de la campagne que fréquentent les deux princes n'a jamais été sensible au politiquement correct. Tout ce qui est noir, jaune ou juif est considéré avec méfiance. Le monde de l'aristocratie est désuet.

5

Meghan snobe le « test de Balmoral »

(septembre 2019)

PARTICIPANTS : Kate, Meghan.

LIEU : Kensington Palace, où habitent les Cambridge et les Sussex.

Au milieu des landes écossaises, le château de Balmoral, où la souveraine passe ses vacances chaque été[1]*, est un champ de mines mondain. Les barbecues quelle que soit la météo, les soirées passées à jouer aux charades ou à reconstituer des puzzles dans des salons traversés de courants d'air, les promenades avec les corgis et les parties de chasse dans la boue constituent un parcours d'obstacles casse-gueule pour tout membre potentiel de la famille royale.*

À l'heure du thé, Kate et Meghan discutent du « Balmoral Test ». La première pousse la seconde à accepter l'invitation de Sa Majesté. Il s'agit d'un piège. Car pour réussir l'épreuve, il faut en connaître les codes. Aristocrate de haute volée, Diana détenait les clés du succès. Kate aussi : bien que roturière, elle en avait appris les arcanes grâce à la fréquentation de ses amies nobles du pensionnat privé.

Les paroles aimables de Kate sont destinées à persuader Meghan d'aller à Balmoral en sachant qu'elle ne peut que rater l'examen de passage. Il fait généralement très mauvais là-haut. Le château victorien est lugubre et les salons, dont les murs sont couverts de peintures sombres représentant des scènes rurales et de trophées de chasse empaillés, sentent le renfermé. Pour les néophytes, la compagnie des membres de la famille royale peut être éprouvante, à tous points de vue, même s'ils sont disponibles et affables. Tony Blair a décrit son séjour annuel en tant que Premier ministre comme « un mélange intéressant d'expériences insolites, surréalistes, voire, osons le dire, flippantes ».

Et la duchesse de Cambridge rit sous cape en songeant à la réaction horrifiée de la Reine quand Meghan, inévitablement, multipliera les impairs vis-à-vis de l'étiquette.

Kate : Puis-je t'offrir une tasse de thé ?

Meghan : Merci, du thé vert, s'il te plaît.

Kate : Pas de problème. Mais tu dois savoir qu'à Balmoral on n'a pas le choix. Seul un mélange Earl Grey est servi. La Reine le verse elle-même en utilisant une vraie passoire. La tisane n'est servie qu'après le dîner. Tu devras aussi goûter aux scones, muffins ou petits sandwichs briochés qui sont délicieux. Mais pas bons pour la ligne !

Meghan : Je déteste la pâtisserie. Cette visite me fait déjà flipper rien que d'y penser.

Kate : Tu n'as pas le choix, l'exercice est incontournable. J'ai dû y passer, moi aussi. Il n'y a pas de quoi en faire toute une histoire. Le test de Balmoral consiste à présenter ses hommages à la grand-mère de ton époux et à la souveraine de ton nouveau pays.

Meghan : Tu es anglaise. Tu as l'habitude de ces bizutages.

Kate : Au fond, c'est une simple réunion familiale un peu kitsch. Lors des barbecues, la Reine met la table. À la fin du repas, elle enfile des gants en plastique pour faire la vaisselle et range soigneusement les assiettes[2].

Meghan : Harry m'a dit que, même le week-end, on ne transige pas avec l'étiquette. Il paraît qu'il faut faire constamment la révérence non seulement à la Reine mais, puisque je suis la dernière venue, aux autres duchesses et princesses. Je n'ai pas eu le temps de potasser le protocole.

Kate : Pas compliqué : à la première rencontre de la journée, tu fais la révérence à tous ceux et celles qui sont avant Harry dans l'ordre de succession ou bénéficient de la prime à l'ancienneté.

Meghan : Tu rigoles. Faire la révérence à Sophie, cette lèche-cul qui n'arrête pas de se pousser du col, ou à Anne, une femme antipathique et glaciale, il n'en est pas question.

Kate : Ne m'oublie pas sur la liste ! J'ai dix ans d'ancienneté. Mais tu vas t'y habituer. À Balmoral, rien n'est *cool* et personne n'est *laid back* [décontracté]. Ici, tout n'est qu'ordre et discipline. Tu auras une chambrière pour toi toute seule qui va te tirer l'eau pour le bain. Tu vas devoir apprendre à arriver à l'heure, ni en avance ni en retard.

Meghan : Comment se passent les repas ?

Kate : Les membres de la famille royale ne prennent pas un gramme. Ils ne mangent pas, ils chipotent. L'ambiance est très collet monté. Pendant les repas, les convives parlent avec leur voisin de gauche, même s'il est barbant. Et, quand vient le plat principal, ils se tournent vers celui de droite. Mais au dessert, on peut choisir entre les deux.

Meghan : Un peu comme au tennis. De quoi on parle ?

Kate : Pas un mot sur ta carrière à Hollywood. Les discussions de boulot sont jugées vulgaires. Sexe, religion et politique sont bannis : trop risqué. La culture les ennuie profondément, à l'exception de l'opéra.

Meghan : Et la Reine ?

Kate : La Reine déteste les bavardages de femmes. La cuisine, la mode, l'école privée des enfants, les problèmes de nannies ne l'intéressent pas du tout.

Meghan : Bonjour les banalités. Cinéma et télévision, c'est autorisé ?

Kate : C'est *non-U*[3].

Meghan : Pardon ?

Kate : Pas *upper class*, commun.

Meghan : Il reste quoi ?

Kate : La vie à la campagne, le jardinage, les chiens, les chevaux et autres animaux, les potins mondains, les récits de voyage, le tout épicé aux inépuisables nuances de l'humour à manier au second degré.

Meghan : Les cocktails, dont je suis friande à l'apéritif en bonne Californienne ?

Kate : Très mal vus. Ils boivent du champagne et du vin. Si tu veux une bière, il faudra aller au pub.

Meghan : Et côté dress code ?

Kate : Il faut se changer jusqu'à six fois par jour. Mais attention, la femme sexy n'est pas la bienvenue !

Meghan : Comment s'adresse-t-on au personnel ?

Kate : Toujours par le prénom, et c'est le service minimum. Dans la haute, on pense que « la familiarité engendre le mépris ».

Meghan : Je n'y comprends rien.

Kate : Et pour terminer, n'oublie surtout pas d'envoyer des remerciements manuscrits à la Reine, jamais un SMS ou un e-mail. Il faut signer « Affectueusement Vôtre »[4].

Meghan : Je craque. Je n'irai pas à Balmoral.

Kate : Tu as tort. Cette famille n'oublie jamais les affronts. La Reine a la mémoire longue et impitoyable.

6

Le couronnement
(juin 1953)

PARTICIPANTS : La Reine, le prince Philip.

LIEU : Buckingham Palace, la résidence officielle d'Elizabeth II[1].

Le couronnement d'Elizabeth II a lieu le 2 juin 1953 à l'abbaye de Westminster. Chef-d'œuvre de l'art gothique, la nécropole des souverains anglais est le théâtre des grandes cérémonies royales. Sous un dais doré, la Reine, drapée dans une tunique d'or, est proclamée « l'oint du Seigneur, le Christus Domini ».

Tous les yeux sont fixés sur la couronne de saint Edward rehaussée du rubis du Prince noir. L'archevêque de Canterbury, Mgr Fisher, la dépose, pour la première et dernière fois, sur le front de la jeune reine qui devient ainsi le quarantième monarque depuis Guillaume le Conquérant.

Elizabeth II doit immédiatement affronter un problème après le couronnement : la position de son époux. Que faire de Philip, un homme intelligent et résolu qui n'entend pas se satisfaire d'un rôle de potiche ? Quel casse-tête[2]. Quand un roi est couronné, son épouse devient automatiquement reine consort. Dans le cas d'une reine qui doit sa couronne à sa filiation et non à son mariage, l'époux devrait normalement porter le titre de roi consort. Il n'en est pas question en raison du précédent d'Albert, le mari de Victoria, qui avait profité de sa position de prince consort pour s'arroger des prérogatives royales au détriment de sa femme, dévouée à son mari et à ses neuf enfants.

Un scénario qu'Elizabeth II veut éviter à tout prix. Le goût du pouvoir pointe chez cette jeune femme que l'on croyait effacée et éloignée des affaires du royaume. Au nom de sa fonction et non de sa personne, la Reine refuse d'octroyer le titre à son mari. Il sera responsable de l'éducation de leurs enfants et de la réforme du fonctionnement archaïque de l'administration royale. Pour le reste, il devra l'épauler pour mener sa tâche, un point c'est tout. Désormais, il est forcé de marcher deux pas derrière son épouse pour ne pas l'éclipser.

Après une journée de splendeurs et de fastes, les oreilles encore emplies du son des orgues et des acclamations du public, la Reine et son époux prennent l'apéritif en tête à tête et évoquent l'avenir.

Philip : Comment te sens-tu, ma Lilibet ?

La Reine : Épuisée physiquement. La couronne était lourde et l'hermine étouffante.

Philip : Les trois heures de cérémonie à l'abbaye ont passé aussi vite qu'un éclair[3].

La Reine : Quelle belle cérémonie en tout cas.

Philip : L'aspect moyenâgeux m'a un peu dérangé…

La Reine : Les étapes de la cérémonie devaient refléter l'histoire de la nation, et par là elles étaient émouvantes. Je suis encore bouleversée par la charge qui m'attend. Mon accession est arrivée trop tôt, je n'étais pas prête.

Philip : Reprends-toi. Tu seras à la hauteur. La retransmission à la télévision a fait un tabac[4].

La Reine : C'est ton idée. Tu as dépoussiéré l'institution royale qui en avait bien besoin. Winston, notre Premier ministre, et l'archevêque de Canterbury ne l'ont pas digéré. Mais j'ai un peu peur que ça nous livre à la curiosité du public.

Philip : Churchill comprendra que cette retransmission viendra à point nommé pour occulter l'austérité et les restrictions de l'après-guerre. Et tu as de la chance, le jour même de ton couronnement, Edmund Hillary a planté le drapeau britannique au sommet de l'Everest !

La Reine : Même les reines ont besoin d'un peu de chance. Mais la pression sur mes épaules est énorme.

Philip : On peut reparler de mon futur statut ?

La Reine : Philip, n'insiste pas. Je te répète qu'il n'est pas question de te donner le titre de prince consort. Tu resteras duc d'Édimbourg.

Philip : Elizabeth, Albert avait pourtant reçu ce titre.

La Reine : Les circonstances actuelles ne s'y prêtent pas. La guerre n'est terminée que depuis seulement sept ans. Le sentiment antiallemand est encore vivace. Et il y a cette sombre histoire du mariage de trois de tes sœurs avec des officiers SS.

Philip : Tu oublies que ton père et ta mère avaient soutenu la politique d'apaisement envers Hitler.

La Reine : Je sais.

Philip : Tu sais aussi que je suis irréprochable. J'ai pris une part active dans la Seconde Guerre mondiale. J'ai été cité à l'ordre de la Navy pour bravoure lors de la bataille de Matapan puis j'ai des états de service impeccables dans l'escadre en Extrême-Orient commandée par Uncle Dickie.

La Reine : Ne me parle pas de Lord Mountbatten[5] ! Il s'est publiquement vanté de t'avoir poussé, contre ton gré, dans mes bras. Des propos de goujat indignes d'un membre de notre famille !

Philip : Ce sont des ragots colportés par ta mère qui déteste mon oncle. Elle raconte partout que Dickie veut remplacer le nom Windsor par celui de notre lignée, les Mountbatten. C'est stupide.

La Reine : De toute manière, Winston ne veut pas entendre parler du titre que tu réclames. Ça te permettrait d'avoir accès aux documents officiels et de t'arroger des prérogatives à mon détriment.

Philip : Tu n'as donc aucune confiance en moi ? Tu es sous l'emprise de ce vieux gâteux et des anciens collaborateurs de ton père. Je sais que dans mon dos ils m'appellent *The Hun* [le Boche].

La Reine : Ce ne sont que des serviteurs. Tu es membre de la famille royale, époux de la Reine et chef de famille.

Philip : Quel avantage ai-je tiré du fait que tu sois devenue reine ? J'ai perdu du jour au lendemain mes vieux potes de la marine. Commandant de frégate, j'avais une grande carrière devant moi, peut-être le poste de Premier lord de l'amirauté. Je n'ai plus rien à commander si ce n'est nos deux enfants, Charles et Anne, un conseiller et des valets de pied !

La Reine : Je regrette, Philip, mais il faudra t'y faire. Il n'est pas question d'intégrer ton nom à celui de la dynastie.

Philip : Suis-je le seul homme dans ce pays qui ne puisse pas donner son nom à ses enfants ?

La Reine : Je suis désolée, mon chéri.

Le prince Philip s'est vengé de ce qu'il a considéré comme une humiliation en faisant chambre à part et en menant une vie conjugale séparée avant de se rapprocher à nouveau de sa femme à la fin des années cinquante[6]*. La naissance d'Andrew en 1960 et celle d'Edward quatre ans plus tard l'attestent. On a également prêté au duc de nombreuses aventures extraconjugales qui n'ont jamais été prouvées. Indirectement, ces rumeurs d'infidélités ont eu des effets néfastes sur ses deux fils, Charles et Andrew, qui se sont sentis autorisés à suivre cet exemple.*

7

Le prince William a-t-il trompé Kate ?

(janvier 2020)

PARTICIPANTS : Kate, Carole Middleton.

LIEU : Anmer Hall, maison de campagne du duc et de la duchesse de Cambridge[1].

En 2019, la presse tabloïd évoque à mots couverts une relation extraconjugale entre le prince William et une ancienne mannequin, Lady Rose Cholmondeley[2]. La controverse en reste là après que le Palais a demandé à ses avocats de menacer de saisir la justice « face à des rumeurs non fondées ».

*Lord Cholmondeley est grand chamberlain de la Cour. À ce titre, l'aristocrate de haut lignage porte l'uniforme rouge et or et la canne blanche pour accueillir la Reine lors du discours du Trône. Il se présente comme cinéaste plutôt que comme châtelain. Il a eu un petit rôle dans un film osé français (*Quatre aventures de Reinette et Mirabelle *d'Éric Rohmer en 1987) et a dirigé deux longs-métrages. La famille est propriétaire de Houghton Hall, un superbe château d'inspiration palladienne où il a organisé, en 2013, l'exposition*

« Houghton Revisited ». Dans ce cadre, les plus grands musées du monde – à commencer par l'Ermitage – lui ont prêté le temps d'un été les chefs-d'œuvre de la peinture européenne, sans compter des dessins et de l'argenterie qui se trouvaient jadis à Houghton Hall. Anmer Hall, la seconde résidence de William et de Kate, est située à quelques encablures de Houghton Hall.

Kate s'ouvre de ses inquiétudes sur l'avenir de son mariage à sa principale conseillère, sa mère, Carole.

Carole : Kate, ce ne sont que des rumeurs qui proviennent des gouvernantes et des valets des châteaux royaux[3]. Des pourris qui vendraient leur mère pour cent *pounds*.

Kate : Je sais, maman. Les pseudo-secrets d'alcôve font vendre les journaux. Reste que ces potins sur la liaison de mon mari avec Rose me pourrissent l'existence.

Carole : Elle ressemble à quoi, cette Lady Cholmondeley ?

Kate : Ça se prononce Chomley. C'est une ancienne mannequin, belle et sexy. Elle fait bander les hommes.

Carole : Une belle plante et puis rien d'autre ?

Kate : Au-delà de son beau cul, elle est redoutable. Son mari a été longtemps un célibataire endurci mais elle a réussi à se faire épouser.

Carole : Comment l'as-tu connue ?

Kate : C'est par William. Son mari, Lord Cholmondeley, est à la Cour.

Carole : Revenons à Rose. Tu crois vraiment qu'elle couche avec William ?

Kate : Je ne sais pas. Quand je l'interroge, il me dit que c'est juste une amie…

Carole : Huit années de mariage, c'est un cap difficile à franchir pour les hommes et toi tu dois t'occuper de trois enfants en plus de tes fonctions de représentation. Mais il faut que tu t'occupes mieux de William.

Kate : Rose aussi a trois enfants. Je n'ai pas la certitude qu'ils couchent ensemble mais je me méfie d'elle.

Carole : Ton instinct a peut-être raison. Je te parle en tant que mère mais aussi en tant que femme : comment ça fonctionne au lit entre toi et William ?

Kate : Maman, j'ai du mal à parler de ça. Tu sais, je n'ai pas eu beaucoup d'expériences avant William. Je pense que ça va bien.

Carole : Si « tu penses » seulement, c'est que ça ne doit pas aller très fort. Quand ça marche, on n'y pense pas, on le sait. William est peut-être coincé. Tu sais, ce n'est pas vrai que les initiatives doivent venir des hommes. Au lit, tu dois sortir du rôle d'épouse soumise. Il y a des tas de choses qui rendent les hommes heureux entre les draps. Surprends-le. Entre deux adultes consentants, tout est permis. Suis-je assez claire ?

Kate : Maman, je ne vais quand même pas aller sur YouPorn !

Carole : Je ne te dis pas ça. Demande à tes amies[4]. Les filles entre elles savent être précises pour parler de sexe. Moi, en tant que mère, je ne peux pas aller plus loin.

Kate : Cette femme m'obsède. Je n'arrête pas d'y penser. Tu sais ce que le prince Philip a répondu à Charles quand il lui avouait hésiter à épouser Diana : « Vous faites des enfants et vous restez fidèle pendant cinq ans puis vous prenez une maîtresse… »

Carole : On t'avait prévenue avant ton mariage des difficultés conjugales des hommes de la famille royale. C'est de la vieille histoire. Je suggère que Rose soit exclue de votre cercle d'amis.

Kate : Mais, maman, on m'appelle déjà l'exterminatrice en chef pour toutes les femmes que j'ai écartées de William !

Carole : Et alors ? Tu es la future reine. Et prends bien soin de ton mari.

Kate : Ce n'est pas facile. Dans l'intimité, il est vulnérable, sensible, émotif. Il peut aussi se comporter en goujat, alternant le chaud et le froid, la passion et les répliques glaçantes. Il est très colérique.

Carole : Comme tous les Windsor. Mais tu es heureuse en ménage. Cette femme ne constitue pas un danger. Essaye de l'oublier.

Kate : Tu as raison, maman, il faut attendre que ça passe.

Tout rentre heureusement dans l'ordre. Les Cambridge se réconcilient publiquement avec les Cholmondeley, comme l'atteste la photo du quatuor prise à la chapelle de Sandringham au lendemain du nouvel an 2020[5]*. Happy end ?*

8

La Reine est aux anges

(janvier 2020)

PARTICIPANTS : La Reine, Lady Hussey, sa dame de compagnie.

LIEU : Le château de Sandringham.

À Sandringham, après le départ de sa famille et des conseillers, la Reine savoure sa victoire sur Harry et Meghan. Lorsqu'elle prend le thé, sa dame de compagnie, Lady Susan Hussey, affiche une mine réjouie. Exceptionnellement, cette dernière a pu assister à la réunion. La présence de la veuve d'un ancien président de la BBC, vieille amie du prince Charles, marraine du prince William et qui connaît bien le prince Harry, a assuré que les discussions restent d'une grande civilité, quelles que soient les arrière-pensées des uns et des autres.

La Reine : Je suis contente que ce calvaire soit terminé. Heureusement que vous étiez là, Susan. Vous faites quasiment partie de la famille. Les deux garçons vous font confiance.

Lady Hussey : Ma'am, toutes mes félicitations. Vous avez obtenu gain de cause sur toute la ligne.

La Reine : J'espère que cela s'arrêtera là. J'ai refusé l'avis de mon conseiller en héraldique[1] qui voulait rétrograder les Sussex au rang de comte et comtesse. Harry reste mon petit-fils.

Lady Hussey : L'important est d'avoir présenté un front uni, vous, Charles et William. Vous êtes restés solidaires jusqu'au bout, ce qui vous a permis de faire entendre raison à Harry.

La Reine : L'accord conclu avec les Sussex ne me coûtera pas un penny. Le prince Charles va régler la facture de sa propre poche pendant un an[2].

Lady Hussey : Il n'y a pas de petites économies.

La Reine : De toute manière, j'aurais dû sacrifier Harry et Meghan un jour ou l'autre. Dans la monarchie d'aujourd'hui, les « juniors » n'ont pas vraiment de place…

Lady Hussey : J'ai un peu de peine pour le pauvre Harry qui a tout perdu ! En revanche, Meghan a tiré son épingle du jeu. Elle va pouvoir faire à nouveau ce qu'elle veut, quand bon lui semble.

La Reine : Je n'avais pas le choix. Mon père et ma grand-mère m'ont inculqué le sens du devoir et de la dignité de la charge, qui doit transcender les élans du cœur en toutes circonstances[3].

Lady Hussey : Vous avez fait énormément de sacrifices.

La Reine : Meghan n'a jamais rien compris aux us et coutumes de notre monde. Elle ne savait même pas qu'il fallait toujours faire une révérence en ma présence. Et quand elle plie les genoux, on dirait une grue.

Lady Hussey : La révérence ne s'apprend pas dans les manuels de savoir-vivre. On l'a dans le sang. Ou pas.

La Reine : Pas toujours, chère Susan. Kate fait une révérence impeccable. Or c'est une roturière. Mais elle a été à bonne école, au Marlborough College [le pendant féminin du collège d'Eton]. Je l'aime beaucoup.

Lady Hussey : Je vous trouve toutefois songeuse, Ma'am.

La Reine : Ce qui me dérange et qu'il faut garder présent à l'esprit, c'est que les partisans de Harry et de Meghan appartiennent à la population progressiste. C'est un monde à des années-lumière du nôtre[4]…

Lady Hussey : Vous avez remporté une grande victoire.

La Reine : À court terme, mais aussi à long terme, je m'inquiète de l'effet de leur départ sur les jeunes qui pourraient nous accuser de racisme. Ce serait très regrettable.

Lady Hussey : Vous vous faites trop de souci. La dynastie est au sommet de sa popularité, le pays n'a que faire des états d'âme du duc et de la duchesse !

La Reine : Il ne faut pas oublier, Susan, que leurs supporters représentent l'Angleterre qui a pleuré la mort de Diana.

Lady Hussey : Ce chagrin national fut un spectacle indigne de notre peuple. C'était navrant mais vous n'y pouviez rien[5].

La Reine : J'ai détesté l'expression de « princesse du peuple[6] » accolée à mon ex-belle-fille par Blair. Je l'ai considérée comme un affront personnel, un défi à ma position de cheffe de l'État représentant l'ensemble de mes sujets. Mais avec le recul, peut-être n'avait-il pas tort.

Lady Hussey : N'entendait-il pas utiliser le drame à des fins politiques ?

La Reine : Sans doute. Mais la comparaison Harry-Meghan et Diana est intéressante. Susan, une autre tasse de thé ?

Lady Hussey : Avec plaisir, Ma'am.

II

La guerre du Trône

9

Pour Elizabeth II, il n'y a pas de petites économies

(février 2021)

PARTICIPANTS : La Reine, Edward Young, secrétaire particulier de la Reine.

LIEU : Buckingham Palace.

Quotidien ouvertement antimonarchiste, le Guardian *a révélé l'existence du « consentement royal », un droit de veto qui permet à la Reine d'intervenir sur les projets de loi concernant directement ses actifs*[1]*. En vertu de cette procédure secrète, les grands argentiers du Palais défendent les intérêts de la souveraine lors de la promulgation de législations touchant, par exemple, l'héritage, le foncier, l'emploi ou les placements financiers.*

Le Palais a ainsi passé un accord secret avec le gouvernement écossais pour exempter le château de Balmoral d'un projet de loi encourageant le recours aux énergies renouvelables. La polémique est lancée.

Tous veulent bien défendre la Reine mais… sans trop s'exposer.

Edward Young : Nous avons un problème. Le *Guardian* a révélé à la une les tenants et aboutissants du texte qui avait jusque-là été tenu secret.

La Reine : C'est ennuyeux, je suppose ?

Edward Young : Il n'y a pas de quoi s'inquiéter.

La Reine : Ces attaques me font passer pour une radine. Mais il fallait à tout prix réduire la facture de chauffage de Balmoral. Ça me coûte une fortune.

Edward Young : Je comprends tout à fait. Nous n'avons fait qu'utiliser le droit de veto royal dont vous disposez sur tout projet de loi concernant directement vos actifs, ni plus ni moins.

La Reine : Ce qui me gêne dans cette histoire, c'est d'apparaître comme une hypocrite. Plaider en faveur de la lutte contre le changement climatique tout en détournant le combat écologique en vue de préserver mes privilèges financiers.

Edward Young : Vos prises de position en faveur de l'environnement sont irréprochables.

La Reine : C'est vrai, je suis très attachée à la conservation de la nature. Je ne suis jamais aussi heureuse et détendue qu'à la campagne. Si j'avais eu le choix, j'aurais volontiers échangé mon existence royale contre un mode de vie rural[2].

Edward Young : Votre famille est également très impliquée dans la préservation de l'environnement.

La Reine : Charles critique cependant mon élevage de bœufs ainsi que mon parc de voitures anciennes. Il les juge nocifs pour l'environnement.

Edward Young : Concilier idéaux et actions n'est jamais simple.

La Reine : Cela dit, il ne met pas toujours en pratique ce qu'il prescrit. Il se déplace souvent en avion privé et en Range Rover. Il possède à lui seul sept résidences. Il ne trouve rien à redire à faire financer une partie de ses activités caritatives par des hommes d'affaires qui ont fait fortune dans les hydrocarbures.

Edward Young : Il n'y a aucune raison de s'alarmer. Le *Guardian* est une feuille de chou gauchiste qui ne s'adresse qu'aux convaincus.

La Reine : Je ne veux surtout pas revivre le cauchemar des Paradise Papers[3] [ces révélations en 2008 faisaient état de la dissimulation d'une partie de la fortune privée de la Reine dans deux paradis fiscaux].

Edward Young : Les critiques avaient à l'époque été injustes. Nous n'avions fait que suivre à la lettre l'avis des consultants en placements financiers de la City chargés de gérer votre fortune personnelle en vue d'accroître le rendement et la plus-value. Il n'y avait dans tout cela rien de louche.

La Reine : L'image de la monarchie en avait souffert.

Edward Young : Que je sache, l'optimisation fiscale est parfaitement légale[4].

La Reine : Certes, mais beaucoup trouvent que le procédé est immoral dès lors qu'il fait des gens aisés une espèce à part du commun des mortels sur le plan fiscal.

Edward Young : Rien n'est jamais simple !

La Reine : Au fait, Edward, le *Keeper of the Privy Purse* [le directeur financier de la Couronne] a-t-il suivi mes instructions d'investir davantage dans les placements écolos en vue de rassurer les défenseurs de la nature sur mes bonnes intentions ?

Edward Young : La Coutts[5] [la banque de la famille royale] a vendu des placements dans les énergies fossiles au profit du high-tech et de l'éolien. Votre décision est d'autant plus courageuse que les investissements dans les hydrocarbures ou le charbon sont bien plus rentables que ceux dans les entreprises vertes.

La Reine : Qu'importe, je dois démontrer que je pratique l'écologie et que je ne pollue pas ! Quelles peuvent être les conséquences de tout ça ?

Edward Young : Il n'y a pas d'inquiétudes à avoir. D'après nos sondeurs, les gens ont la tête ailleurs, la pandémie, le coût de la vie ou l'école sont des sujets bien plus importants[6].

La Reine : Je ne le cache pas, je n'ai jamais aimé jeter l'argent par les fenêtres, à l'inverse de Charles dont l'extrême prodigalité me désole. Ma mère m'a toujours dit : « Fuis l'impôt. » En toute légalité, cela va de soi.

Edward Young : La Reine-mère faisait preuve de bon sens.

La Reine : Que voulez-vous, la parcimonie est dans ma nature ! Enfant, je récupérais le papier d'emballage de mes cadeaux. Mon train de vie n'a jamais été aussi extravagant que celui de ma mère ou de ma sœur.

Edward Young : Sur le plan financier, vous avez toujours témoigné d'une grande modération.

La Reine : J'ai toutes ces bouches à nourrir ! Les membres de ma famille n'arrêtent pas de mendier.

Edward Young : Ma'am, votre générosité n'a pas de limite.

La Reine : Je sais, Edward, mais mes réserves ne sont pas un puits sans fond[7].

La fortune personnelle d'Elizabeth se monte à quatre cent quarante millions d'euros. Mais pour la souveraine, il n'y a pas de petites économies.

10

Harry et Meghan ruent dans les brancards

(septembre 2019)

PARTICIPANTS : Harry, Meghan, Tom Bradby, présentateur du principal journal de la chaîne commerciale ITV.

LIEU : Frogmore Cottage, la résidence de Harry et Meghan.

Meghan et Harry ont accepté d'être filmés au cours d'un voyage officiel en Afrique australe par une équipe de la chaîne commerciale britannique ITV. Ce documentaire, Harry & Meghan : An African Journey[1], *est diffusé le 20 octobre 2019, sept mois après la naissance d'Archie.*

Lors de cet entretien télévisé, le couple lance une bombe en déclarant que l'œil critique et constant des médias est « insoutenable ». Dans la même interview, Harry révèle sa brouille avec son frère à propos de Meghan. À l'issue de la tournée, les Sussex intentent trois procès retentissants contre des tabloïds britanniques. Ils n'ont pas jugé bon de prévenir auparavant la Reine de leur décision.

Le duc et la duchesse ont choisi Tom Bradby[2], présentateur du principal journal d'ITV – l'unique journaliste dont le couple est proche –, pour lui confier leurs états d'âme. Vingt-trois millions de téléspectateurs visionnent l'interview brûlot, dans laquelle le journaliste demande à la duchesse si elle se sent mieux aujourd'hui. « Merci de me poser la question, répond-elle, car peu de gens me demandent si je vais bien. »

Avant leur départ, Harry et Meghan discutent du projet avec Bradby dans le salon de leur manoir de Frogmore Cottage[3]*, à côté de Windsor.*

Meghan : Tom, je n'en peux plus. Je suis épuisée. Les tabloïds sont odieux. Les révélations sur mes rapports difficiles avec mon père, ma garde-robe hors de prix, mes prétendus caprices et mon goût du luxe, sans parler du racisme à peine caché. Je craque !

Harry : Ce harcèlement médiatique me rappelle le supplice de ma mère et maintenant, c'est au tour de ma femme d'en être la victime.

Tom Bradby : J'ai subi le même traitement de la part de la presse populaire. Ces attaques m'ont fait tomber en dépression. Mais aujourd'hui, je me dis, c'est la vie, on ne peut pas plaire à tout le monde[4].

Meghan : Je vais suivre le conseil de mon agent à Los Angeles, traîner ces salauds devant les tribunaux. Pas de pitié…

Tom Bradby : C'est risqué. La presse populaire britannique est puissante, sans scrupules. Le Palais ne va pas être content car il aura à gérer les répercussions de vos attaques au Royaume-Uni.

Meghan : Heureusement, ces journaux fouille-merde n'existent pas aux États-Unis !

Harry : C'est de la diffamation pure et simple.

Tom Bradby : Revenons au documentaire. Je me propose de l'intituler *Harry & Meghan : An African Journey* [« Harry et Meghan, un voyage africain »]. Qu'en pensez-vous ?

Harry : Le titre est parfait. Nous voulons évoquer notre action caritative en Afrique et notre amour du continent noir. Mais aussi mettre les points sur les i à propos des médias et de ma dispute avec William. Mais il n'est pas question d'un déballage de linge sale comme l'entretien donné par ma mère en 1995 à *Panorama*. Je ne veux pas régler des comptes mais rétablir la vérité. Nous sommes frères et nous le serons toujours.

Tom Bradby : Harry, vous pouvez me faire confiance. On se connaît depuis longtemps. C'est le troisième documentaire que je consacre à votre action philanthropique en Afrique. Comme vous, j'ai dû lutter contre la dépression, l'anxiété et les insomnies.

Meghan : Tom, toi aussi tu as souffert d'un père absent, comme William et Harry ?

Tom Bradby : Mon père a été officier de la Royal Navy. Il était toujours en mission. J'ai été au pensionnat dès mon plus jeune âge.

Harry : On peut vraiment compter sur toi, Tom ?

Tom Bradby : Je me retrouve un peu entre le marteau et l'enclume. William est également un ami. Mon aide doit rester secrète, car dans mon métier je suis tenu à une totale neutralité.

Meghan : Bien sûr, Tom, on comprend. Tu as des conseils à nous donner ?

Tom Bradby : Vous êtes comédienne et professionnelle de la télévision. C'est un jeu d'enfant. Regarder droit dans la caméra, la voix posée, répondre lentement, montrer sa vulnérabilité mais sans paraître fragile, mal dans votre peau ou revancharde. Enfin, alterner raisonnement et émotion, et le tour est joué.

Harry : Une dernière recommandation pour Meghan ?

Tom Bradby : Il faut toujours terminer sur une note positive, dans le style « heureusement Harry et Archie sont les meilleurs ».

Meghan : Merci, Tom. On se revoit au Cap.

Tom Bradby : Tout se passera bien.

11

Les Sussex règlent leurs comptes

(mars 2021)

PARTICIPANTS : Meghan, Harry.

LIEU : Montecito[1], le quartier des célébrités de Santa Barbara, à une heure et demie de Los Angeles.

Installés dans leur villa de Montecito, Harry et Meghan échafaudent leur revanche. Diffusée le 7 mars 2021 aux États-Unis et le lendemain au Royaume-Uni et dans soixante-dix pays, la confession du duc et de la duchesse du Sussex à la papesse américaine des talk-shows, Oprah Winfrey[2]*, sur leurs déboires familiaux a crevé les écrans.*

Une semaine plus tôt, ils préparent dans l'intimité leur coup d'éclat.

Meghan : L'idée d'accorder cette interview-vérité à Oprah, c'est de faire un grand déballage de linge sale en public.

Harry : On va pouvoir enfin donner notre version des faits. Quels sont les thèmes que tu aimerais évoquer, Meg ?

Meghan : Je veux révéler les épreuves qui m'ont été infligées par ta famille, mes pensées suicidaires et la dépression. J'entends au passage régler mes comptes avec Kate. Bref, démontrer à la planète entière qu'être princesse royale est un chemin de croix, pas un conte de fées avec princes charmants, châteaux, carrosses…

Harry : Tu as un précédent en tête ?

Meghan : Oui, l'interview choc de la princesse Diana à *Panorama* sur les turpitudes de son couple[3]. Je l'ai vue des dizaines de fois.

Harry : J'en ai un horrible souvenir. Je n'ai jamais oublié les blagues de mes copains sur le ménage à trois. C'était blessant.

Meghan : Harry, elle a été victime de la Cour. Son image était sa seule arme contre les Windsor.

Harry : Je suppose qu'on va se partager le travail.

Meghan : Je prends les pensées suicidaires, la dépression, le racisme, le refus du statut de prince royal à Archie qui le prive de soutien financier et de protection policière. Je vais aussi accuser Kate de m'avoir fait pleurer et non pas l'inverse, comme l'affirment les médias britanniques.

Harry : De mon côté, j'évoque mes problèmes de santé mentale et surtout les inquiétudes au sein de ma famille sur la couleur de peau de mon fils.

Meghan : Vas-tu désigner les auteurs de cette odieuse remarque ?

Harry : Il est hors de question de jeter en pâture à la presse le nom du membre de ma famille qui a exprimé devant moi ses inquiétudes à ce sujet…

Meghan : Tu as raison. Notre objectif est de semer le doute. Comme cela, dans les dîners en ville, on pourra jouer à la devinette : qui est le Windsor raciste ?

Harry : Il faudrait dire à Oprah en aparté qu'il ne s'agit ni de la Reine, ni du duc d'Édimbourg.

Meghan : On lui demandera de lâcher l'info quelques jours après la diffusion pour alimenter la controverse. Elle acceptera l'explication.

Harry : Es-tu sûre d'elle ? Je ne la connais pas vraiment.

Meghan : Oprah, je la considère aujourd'hui comme une amie. Avant et après les noces, ses conseils ont été précieux. Elle s'entend bien avec ma mère. On peut lui faire confiance.

Harry : Tu le sais, dans l'entourage des couples mixtes, on s'interroge souvent sur la couleur d'un enfant à naître. Ce n'est pas forcément du racisme[4].

Meghan : Bien sûr, mais il faut entretenir le flou, les spéculations sur le coupable, introduire le ver dans le fruit.

Harry : La télévision, tu sais faire. J'ai moins l'habitude que toi de ce genre d'exercice.

Meghan : Tu as le cœur sur les lèvres. Tu vas exprimer tes émotions avec sincérité, raconter ta solitude face à la famille royale. Et surtout pas d'auto-apitoiement, ça passe très mal.

Harry : Pour ma famille, les problèmes de santé mentale n'existent pas. On est formaté pour ne jamais manifester ses émotions ou se poser des questions. Je pense être le premier Windsor à avoir suivi une thérapie.

Meghan : Tu devrais suivre les conseils de mon amie Brené Brown [psychologue américaine et gourou de Meghan]. Elle affirme qu'il faut prendre son récit en main au lieu de se forger une armure pour se protéger[5].

Harry : Au moins, comme ça on ne meurt pas insensible !

Meghan : On a du boulot. Il faut préparer l'interview, notre scud pour les Windsor !

Harry : Ça va faire boum, boum, comme on disait en Afghanistan[6].

De fait, l'émission va faire scandale.

12

Simon-le-machiavélique, au service de William et de Kate

(janvier 2020)

PARTICIPANTS : William, Simon Case, son secrétaire particulier.

LIEU : Anmer Hall, la maison de campagne des Cambridge.

William et Kate sont sortis gagnants de l'affrontement de Sandringham. Le duc de Cambridge a repris les activités officielles de représentation de son frère. Pour sa part, Kate a été chargée des responsabilités de Meghan – l'enfance, les femmes et les minorités ethniques.

Si William a battu son frère à plates coutures, il le doit à son secrétaire particulier, le machiavélique Simon Case[1]. *Simon ne s'adresse à William qu'en l'appelant respectueusement « Votre Altesse royale ». Mais sous cette courtoisie presque compassée affleurent des liens robustes. Nul n'est plus proche de William et de Kate que ce personnage qui a un accès direct et fréquent au couple princier. Le trio se voit ou se téléphone plusieurs fois par jour. Simon est le stratège des Cambridge.*

William : Bravo, Simon, bien joué. Nous avons remporté une belle victoire.

Simon Case : C'est un honneur de vous servir, Votre Altesse royale.

William : La naïveté de mon frère me laisse pantois. Il est totalement manipulé par sa femme.

Simon Case : Aussi ai-je insisté pour que Meghan ne participe pas au sommet en visioconférence comme elle l'avait souhaité. J'ai prétexté que le contentieux ne pouvait être résolu que par le noyau dur de la famille, sans témoin extérieur. Et ils sont tombés dans le piège.

William : C'était une idée géniale d'autoriser Harry à passer un coup de fil à la fin pour donner l'impression d'impliquer Meghan alors qu'elle avait été totalement marginalisée.

Simon Case : J'ai travaillé en étroite collaboration avec Edward [Young, secrétaire particulier de la Reine] et Clive [Alderton, secrétaire particulier de Charles].

William : Mais comment diable avez-vous réussi à embrigader Fiona [Mcilwham, secrétaire particulière de Harry et de Meghan] dans notre camp ? Elle n'a jamais cherché à défendre mon frère et ma belle-sœur.

Simon Case : Je savais qu'elle n'en pouvait plus des coups de tête de la duchesse du Sussex. Sa morgue l'insupportait. Elle était à bout.

William : Bien joué.

Simon Case : Par ailleurs, Fiona a très mal pris les jérémiades incessantes du prince Harry sur la surface de son appartement de Kensington Palace, sous prétexte qu'il était plus petit que le vôtre[2].

William : Sans doute sur ordre de Meghan.

Simon Case : Je pense que le soutien de Fiona à notre cause est parti du refus de la duchesse du Sussex d'accepter son statut subalterne par rapport à celui de votre épouse. Fiona n'a eu de cesse de lui dire que le dernier arrivé ne peut pas prétendre avoir un premier rôle, que Buckingham n'est pas Hollywood. La duchesse n'a rien voulu entendre.

William : Harry est manipulé par Meghan. Il passe son temps à répéter : « Ce que Meghan veut, Meghan l'obtient. » Quel idiot ! Il vit sous la coupe de cette dominatrice.

Simon Case : Ne l'accablez pas trop. Elle ignore que le respect des us et coutumes et le refus de transiger avec le rang sont les rouages essentiels d'une monarchie. Dans la négociation, elle n'a pas pu échapper au piège d'un rapport de force inégalitaire.

William : Harry aurait dû lui expliquer l'étiquette comme je l'ai fait avec Kate.

Simon Case : Comme dans *Les Trois Mousquetaires*, nous étions quatre pour l'emporter. Un pour tous, tous pour un au service du futur roi contre l'intrigante sans scrupules, Milady de Winter. Les basses besognes sont indispensables aux grandes entreprises. J'adore Dumas.

William : Merci, Simon. J'ai lu Dumas pendant mes cours de français à Eton.

Simon Case : Sauf le respect que je vous dois, je dirais que les derniers évènements auraient pu lui inspirer un roman de cape et d'épée !

William : Fiona n'a rien demandé en contrepartie de son appui ?

Simon Case : Non, elle veut quitter le Palais au plus vite pour réintégrer le Foreign Office[3].

William : Et puis Susan [Lady Hussey, dame de compagnie de la Reine] nous a également beaucoup aidés. C'est ma marraine.

Simon Case : Lady Susan a l'oreille de Sa Majesté.

William : C'était drôle. Elle n'a pas dit un mot pendant la réunion mais elle n'a cessé de m'encourager en levant le sourcil. Et la Reine approuvait son manège.

Simon Case : Je dois vous informer que j'ai été contacté par le Premier ministre. Il m'a proposé le poste vacant de secrétaire général du Cabinet[4] [le *Cabinet Secretary*, en charge de l'administration centrale, est le troisième pilier de l'État derrière le monarque et le chef du gouvernement].

William : J'avais en effet entendu des rumeurs dans ce sens.

Simon Case : Je vais sans doute accepter sa proposition. Pour un haut fonctionnaire, pareille opportunité ne se refuse pas.

William : Vous me manquerez, Simon, mais je comprends que vous me quittiez.

Simon Case : J'ai été formidablement heureux de vous servir.

William : Je vous regretterai mais j'aurai désormais un ami au cœur du système…

Simon Case : Bien que la maison royale soit totalement libre de choisir ses conseillers, j'aurai voix au chapitre en matière de nominations.

William : Vous serez utile au futur Roi.

Simon Case : Vous pourrez compter sur moi.

William : Le royaume sera en de bonnes mains.

13

Le spectre de Diana plane à nouveau
(juillet 2021)

PARTICIPANTS : William, Harry.

LIEU : Kensington Palace.

Le 1er juillet 2021, William et Harry ont inauguré une statue en hommage à la princesse Diana, installée dans les jardins de Kensington Palace, son ancienne demeure au cœur de la capitale[1]*. Leur mère aurait eu soixante ans ce jour-là. La statue a été financée sur fonds privés. La commémoration doit avant tout permettre aux médias de jauger l'état des relations entre William et Harry : il s'agit de leurs premières retrouvailles depuis les funérailles du prince Philip. Durant la courte cérémonie en tout petit comité, les deux frères, qui sont en froid depuis des mois, ont échangé quelques propos sans rien laisser paraître mais, à l'évidence, le cœur n'y est pas.*

À force d'en faire trop, Meghan et Harry sont tombés en disgrâce. Le dernier affront est le choix du prénom Lilibet donné à leur deuxième enfant, né le 4 juin 2021 à Santa

Barbara. George V avait affublé la future Elizabeth II de ce surnom familier qui n'avait ensuite été utilisé que par George VI et son épouse, ainsi que par le prince Philip. Même les enfants de la souveraine n'osent employer ce prénom, se contentant du « Mamy » aristocratique[2].

Une fois que la vingtaine d'invités ont quitté les lieux, les deux princes se retrouvent en tête à tête.

Harry : Pourquoi as-tu refusé de m'accueillir à mon arrivée devant la statue ? C'était pas sympa.

William : J'en avais par-dessus la tête de tes caprices, ta fixette sur la presse qui te martyrise. Encore une idée de Meghan !

Harry : Tu vas bien ?

William : Oui, très bien, merci.

Harry : Tu penses que notre mère aurait aimé la statue ?

William : Je ne sais pas. On garde le souvenir d'une femme trentenaire. C'est difficile de l'imaginer âgée de soixante ans.

Harry : Avec le recul, je trouve que la statue manque de glamour.

William : C'est ton côté Hollywood. Je te rappelle

que son image icônique lui a coûté la vie. La statue met l'accent sur son action caritative au profit des malades de la vie, des handicapés de guerre.

Harry : Je trouve qu'on n'aurait pas dû ajouter ces trois gosses à côté d'elle. Ça fait un peu *cheap*.

William : Elle adorait les enfants. Elle avait été puéricultrice avant d'épouser papa.

Harry : L'important est qu'elle ait enfin une statue devant Kensington Palace, la demeure de notre enfance. C'est toujours mieux que l'actuelle aire de jeux minable ou le Disneyland bling-bling créé à sa mémoire à Althorp[3] par notre oncle Charles [Spencer, le frère de Diana].

William : As-tu parlé à l'oncle Charles après la cérémonie ?

Harry : Non. Je ne lui pardonne pas son infâme coup de fil de 2018 me demandant de ne pas me précipiter pour épouser « cette fille ». Tu l'avais poussé à m'appeler pour me dissuader de la demander en mariage.

William : J'avais raison. La suite l'a démontré.

Harry : Tu aurais pu trouver mieux comme conseiller matrimonial que l'oncle Charles[4]. Trois mariages, une kyrielle de maîtresses, des enfants de tous les côtés. C'est pire que Boris Johnson…

William : Tu dois t'ennuyer ferme à Los Angeles pour donner cette interview lunaire à bord d'un autobus avec James Corden ?

Harry : Je suis totalement libéré de mes obligations protocolaires. Tout baigne. Meghan s'occupe de notre carrière. Je passe beaucoup de temps avec Archie et Lilibet.

William : À ce propos, comment avez-vous osé appeler votre dernière Lilibet ? C'est un camouflet adressé à Granny !

Harry : On a demandé l'autorisation préalable à Granny qui a donné son feu vert.

William : Tu es un menteur. Granny m'a dit qu'elle avait été mise devant le fait accompli. Vous avez encore une fois dépassé les bornes.

Harry : Calme-toi. Meghan a voulu utiliser le diminutif « Lili », le nénuphar, symbole à ses yeux de la pureté, la renaissance et la fertilité.

William : N'importe quoi, encore une fois ! En fait, vous vouliez juste profiter de l'occasion pour faire baptiser Lilibet dans la chapelle de Windsor. Granny y a heureusement mis son veto.

Harry : Tu es visiblement intervenu pour torpiller notre venue.

William : Pour qui tu me prends, c'était encore une provocation ! Dans cette pathétique interview à Oprah Winfrey, vous osez vous plaindre que papa refuse que ton fils Archie ait droit à une protection policière. Mais vous ne faites plus partie du noyau dur de la famille royale, non ?

Harry : Tu as fini ? J'ai un avion à prendre.

William : Un moment, s'il te plaît, comme on ne se reverra pas de sitôt. On me dit que tu écris un livre avec un « nègre »[5] ?

Harry : Tu as mis des espions à nos trousses ?

William : Tu as recruté l'ancien journaliste J. R. Moehringer pour t'aider. C'est le nègre de George Clooney et un intime de Meghan, d'après ce que j'ai compris ?

Harry : Et alors ?

William : Avec l'énorme avance que t'a versée l'éditeur, il ne fera certainement pas dans la nuance. On te paie pour inventer des révélations fracassantes sur notre famille, c'est vraiment dégueulasse. Et tu vas tout naturellement en remettre une couche sur tes problèmes de santé mentale en nous montrant du doigt. C'est odieux.

Harry : *No comment.*

William : Quand est prévue la sortie de ce… livre ?

Harry : Fin 2022. Je dois filer. Seule Kate me manque. Fais-lui la bise.

William : Je peux t'assurer que tu ne lui manques absolument pas après toutes les calomnies que tu as proférées à notre encontre.

III

Orgueil et préjugés

14

Un suicide en direct

(novembre 2019)

PARTICIPANTS : Charles, Andrew.

LIEU : Clarence House, la résidence londonienne du prince Charles[1].

Un an et demi plus tôt, Andrew a enfin brisé le silence. Interrogé par la BBC, le prince, fils cadet de la Reine, est revenu sur l'affaire Epstein dans laquelle il est mis en cause. Le duc d'York déclare qu'il s'en veut « tous les jours » d'avoir continué à fréquenter Jeffrey Epstein après la libération du pédophile en 2010. Il affirme également ne pas se souvenir d'avoir rencontré la femme qui l'accuse d'agressions sexuelles alors qu'elle était mineure, Virginia Roberts, épouse Giuffre. La plaignante prétend avoir été contrainte à des relations sexuelles avec lui à Londres en 2001 alors qu'elle n'avait que dix-sept ans, puis à deux autres reprises à New York et sur l'île privée du financier américain dans les Caraïbes.

L'effet de ces dénégations est désastreux. Lors de cet entretien en prime time, Andrew n'a exprimé aucun regret ni aucune inquiétude envers les victimes de Jeffrey Epstein, qui a été retrouvé pendu dans sa cellule de la maison d'arrêt de New York en août 2019.

Avec l'accord de sa mère atterrée, le prince Charles a convoqué Andrew.

Charles : Je t'ai convoqué toutes affaires cessantes à la demande de Mamy pour discuter de l'interview que tu as donnée à la BBC[2].

Andrew : Tu l'as vue ? Fergie et les deux filles [Beatrice et Eugenie, filles du couple divorcé en 1996] ont adoré.

Charles : Andrew, c'est un désastre.

Andrew : Tu es toujours négatif quand il s'agit de moi. Tu ne m'as jamais aimé. Ton complexe de supériorité intellectuelle est pathétique.

Charles : Cette interview est une stupidité, d'autant que la journaliste Emily Maitlis est réputée pour son punch et sa mauvaise foi. C'est une tueuse. Mais qu'est-ce que tu as dans la tête ? Tu es tombé dans le panneau.

Andrew : Je voulais mettre les points sur les i en niant en bloc les accusations.

Charles : Comme l'a dit le président de la Ligue de

football, voilà un merveilleux but contre ton propre camp. Pas la moindre sympathie envers les victimes. Tu es vraiment idiot.

Andrew : Comment oses-tu ! Tu n'as pas de leçons à me donner vu la manière dont tu as traité la pauvre Diana.

Charles : Cette attaque personnelle est misérable. Diana au moins n'était pas mineure. Tu es abject.

Andrew : En fait tu as toujours été jaloux de mes succès auprès des femmes.

Charles : Avec des putes de dix-sept ans, non merci. Au moins, je ne m'acoquine pas avec un pédophile et une « Madame » comme Ghislaine Maxwell[3]. Il faut vraiment manquer de jugeote pour en arriver là.

Andrew : Je vois. C'est parce qu'ils sont juifs. L'antisémitisme et notre famille, c'est une vieille histoire…

Charles : Ça n'a rien à voir, tu le sais bien. Notre famille n'est pas antisémite. Notre grand-mère paternelle [la princesse Alice, mère du prince Philip] a caché des Juifs pendant la guerre[4]. N'essaye pas de changer de sujet.

Andrew : C'est vrai que tu n'as pas beaucoup de Juifs parmi tes amis. Moi, je ne fais pas de différence[5].

Charles : Encore un coup sous la ceinture. C'est dans ta nature. Comment as-tu osé amener des gens horribles comme Epstein et Maxwell à Balmoral et à Sandringham ? Ces châteaux appartiennent à notre famille. C'était une folie.

Andrew : Après mon divorce, j'étais seul, abandonné par tous. Je n'avais pas d'amis, à l'exception de Ghislaine qui a toujours été loyale envers moi[6]. C'est grâce à elle que j'ai fait la connaissance d'Epstein qui m'a accueilli les bras ouverts.

Charles : Alors tu reconnais que c'était vrai ! Des putes ! Et mineures !

Andrew : Je n'ai jamais rencontré cette fille.

Charles : Cette ancienne photo de toi enlaçant la prostituée te discrédite complètement.

Andrew : C'est un montage.

Charles : De toute façon, tu es malade. Tu crois qu'on a oublié votre fétichisme des pieds, à toi et à Fergie[7] ? En plus tu es maladroit, tu te fais prendre à chaque fois. Ça fait beaucoup de scandales. Trop.

Andrew : J'ai la conscience tranquille.

Charles : De toute manière, tu es mort.

Andrew : Pardon ?

Charles : Tu dois abandonner toutes tes fonctions

officielles de représentation. Aux accusations de harcèlement sexuel sont venus s'ajouter les propos racistes que tu aurais tenus en 2012.

Andrew : Tu divagues ou quoi ? J'appelle Mamy de ce pas.

Charles : Inutile, elle a entériné ma décision. C'est un ordre de la Reine et du régent, pas d'une mère et d'un frère. Tu es devenu une grave menace pour la Couronne.

Andrew : Je te maudis. Tu as empoisonné l'esprit de Mamy car tu as toujours été jaloux de notre proximité.

Charles : Je te répète que je n'ai aucun état d'âme à me débarrasser des branches pourries pour protéger l'institution monarchique : toi, tes deux filles, ton ancienne épouse, et ceux du même acabit dans les rangs inférieurs de l'ordre de succession. Mamy coupe les mauvaises herbes, moi j'arrache tout le taillis.

Andrew : Je t'en supplie. N'en fais rien. Tu vas faire de moi un paria, un pestiféré. Je ne veux pas vivre reclus dans les palais royaux pour le reste de mon existence.

Charles : Contre mon avis et celui de William, Mamy a maintenu tes titres militaires et ton statut d'Altesse royale. C'est une grave erreur, mais elle continue de te protéger, malgré mes vives objections.

Andrew : Tout condamné a droit à une dernière requête.

Pourquoi ne pas annoncer une mise à l'écart par étapes pour éviter une telle humiliation ?

Charles : La brutalité a le mérite de la clarté. Ton exclusion a été fixée au 20 novembre. Mes services ont préparé un communiqué que tu vas publier en ton nom.

Andrew : Charles, ne fais pas ça ! Laisse-moi une dernière chance.

Charles : Le document a été soumis au 10 Downing Street qui a donné son accord. Tu n'as plus aucun recours. Lis le communiqué à haute voix et signe-le pour qu'on en finisse. Je suis désolé, Andrew.

15

Kate propulsée au firmament

(été 2020)

PARTICIPANTS : Kate, Christian Jones, secrétaire particulier des Cambridge.

LIEU : Kensington Palace.

La couverture du numéro d'été de Tatler[1] *est consacrée à* Catherine the Great *[« l'impératrice Catherine II »] en gros caractères, sous une photo éclatante de Kate, duchesse de Cambridge, en tenue de gala. Mais le portrait de l'épouse du prince William dressé par le mensuel de la haute société londonienne, sous la plume de la journaliste Anna Pasternak, est au vitriol. L'article affirme que Kate éprouve des difficultés à combiner ses obligations familiales avec les engagements philanthropiques supplémentaires que lui a valu le départ de Meghan et Harry. À lire le brûlot, la duchesse est anorexique et très ennuyeuse en société. Le texte tacle sa mère, Carole Middleton, « une snob invétérée », et juge sa sœur Pippa « trop royale, trop arriviste ». Quant à William, il est dépeint comme étant sous l'influence de sa belle-mère, « la mère qu'il n'a jamais eue ».*

La duchesse de Cambridge est furieuse. Tatler *est le miroir qui réfléchit, sur papier glacé, tous les visages de la gentry. Tout aristocrate qui se respecte a inévitablement chez lui, sur quelque coin de table, un exemplaire du mensuel fondé en 1901.*

Outrée, Kate prépare sa contre-offensive avec son secrétaire particulier, Christian Jones, en vue d'obtenir la suppression des passages les plus controversés du site internet du magazine.

Kate : Christian, comment dois-je réagir face à ce tissu de mensonges ?

Christian Jones : Votre Altesse royale, deux options s'offrent à vous. Soit vous courbez le dos et vous laissez passer. Vous savez ce qu'on dit au Palais : *Never complain, never explain* [« Ne jamais se plaindre ni s'expliquer »]. Soit vous saisissez la justice pour diffamation.

Kate : Il est hors de question de rester les bras croisés. Ce n'est pas mon genre. Laura Meade, Zoe Warren, Emilia Jardine-Paterson, toutes mes meilleures amies sont abonnées au *Tatler*[2]. Ma mère est hors d'elle, tout comme William.

Christian Jones : Le magazine n'a jamais été tendre envers vous.

Kate : C'est le moins qu'on puisse dire. Je suis trop roturière à son goût.

Christian Jones : Je suis favorable à une réaction brutale.

Kate : Celle qui a signé cet immonde papier, Anna Pasternak, est une ennemie jurée de mon mari. Elle avait révélé en 1994 la liaison entre la princesse Diana et James Hewitt. William ne le lui a jamais pardonné.

Christian Jones : Vous voyez l'influence de Meghan derrière cette offensive vous visant personnellement ?

Kate : J'en suis convaincue. Cette Pasternak est très proche de Jessica Mulroney, la meilleure amie de ma belle-sœur. Meghan m'a reproché en privé ma prétendue froideur et mon refus de lui faciliter la tâche. Elle a raison mais je n'ai aucun atome crochu avec elle. Elle m'en veut.

Christian Jones : La duchesse du Sussex a-t-elle collaboré à ce livre, *Finding Freedom*[3] [« Vers la liberté »], très critique envers vous ?

Kate : Pas de doute.

Christian Jones : Je suis très inquiet, Ma'am. Les Sussex ne respectent rien. En appelant les Américains à voter contre Donald Trump à la présidentielle américaine, ils ont enfreint le devoir de réserve des membres de la famille royale, censés se maintenir au-dessus de la mêlée politique.

Kate : Heureusement, Christian, je ne me suis jamais intéressée à la politique. Je les mets tous dans le même sac.

Christian Jones : La Reine a décidé de confier à Vos Altesses royales la tâche de remonter le moral de la population face à l'aggravation de la pandémie. Edward [Young, le secrétaire privé de la Reine] m'a chargé de vous guider dans vos nouvelles attributions, le soutien aux personnels soignants et à leurs familles.

Kate : Christian, pour être franche avec vous, ça m'embête un peu de marginaliser ainsi Camilla. Mon beau-père va mal le prendre. Dans une certaine mesure, cela revient à consacrer William comme dauphin.

Christian Jones : J'en ai parlé à Edward qui m'a dit que c'est une décision personnelle de la Reine. Sa Majesté estime que Charles a besoin d'être épaulé ; il a déjà suffisamment de travail en tant que régent, inutile d'y rajouter le dossier pandémie.

Kate : Je n'aime pas cette habitude d'Edward de jouer les uns contre les autres.

Christian Jones : Je ne pense pas qu'il ait des arrière-pensées. Il ne fait que relayer les instructions de la Reine.

Kate : Je n'ai pas l'habitude. Ces responsabilités nouvelles me font peur, elles m'éloignent de ma zone de confort.

Christian Jones : Je suis là pour vous assister dans vos nouvelles charges. Le Covid, vous connaissez. Le prince William a été testé positif en même temps que son père. C'était terrible. Les deux premiers dans l'ordre de succession se trouvaient malades alors que le Premier ministre était hospitalisé. L'information avait été tenue secrète.

Kate : Il ne fallait surtout pas alimenter la panique.

Christian Jones : Comment se passent les cours à distance des trois enfants ?

Kate : Le soutien scolaire n'est pas facile avec le Covid. Les enfants doivent être constamment rassurés. William est parfois brusque avec eux. Il est impatient. Heureusement, je suis d'un naturel très calme. On est complémentaires, il est nul en maths mais très bon en géographie, biologie et histoire. Moi, j'ai toujours eu la bosse des maths et des sciences[4].

Christian Jones : De toute façon, vos centres d'intérêt caritatifs recouvrent la problématique du Covid, l'éducation, la santé mentale des enfants, les jeunes en difficulté…

Kate : Au diable la prudence. J'ai toujours aimé les défis.

Devant le refus du directeur du Tatler *d'obtempérer, la duchesse saisit la justice. Redoutant la contre-publicité et ses effets néfastes dans les cercles royalistes des deux côtés de l'Atlantique, l'éditeur new-yorkais Condé Nast accepte la requête de Kate de retirer l'article incriminé du site.*

16

« *Annus horribilis* » *bis*

(décembre 2019)

PARTICIPANTS : La Reine, Edward Young, secrétaire particulier de la Reine, et Donal McCabe, directeur de la communication du Palais.

LIEU : Le château de Windsor[1], résidence de week-end de Sa Majesté.

« Annus horribilis » *(« année horrible » en latin) fut l'expression utilisée par la reine Elizabeth II pour qualifier l'année 1992[2]. En cause, les problèmes familiaux que connut la souveraine au cours de cette période : séparation officielle du prince Charles et de Diana ainsi que d'Andrew et de Sarah Ferguson, divorce de la princesse Anne, incendie du château de Windsor, controverse sur le financement de la reconstruction et sur l'exemption de l'impôt sur le revenu dont bénéficiait jusqu'alors le monarque.*

La cheffe de l'État décide de reprendre l'expression dans son discours de Noël 2019 en raison de l'accident de voiture du prince Philip, de la volonté d'indépendance de Harry et de Meghan, de la quatrième saison de la série télévisée The Crown *hostile au prince Charles, de l'implication du prince Andrew dans le scandale Epstein concernant des mineures et bien sûr du Brexit qui, malgré l'accord in extremis entre le Royaume-Uni et l'Union européenne, continue de diviser le pays.*

Ça fait beaucoup pour une souveraine âgée, à l'époque, de quatre-vingt-treize ans. La Reine prépare son discours du 25 décembre avec l'aide de ses deux plus proches collaborateurs.

La Reine : Bonjour, Edward.

Edward Young : Bonjour, Votre Majesté. Aujourd'hui, nous devons rédiger le message de Noël. J'ai demandé à Donal de se joindre à nous.

La Reine : Bonjour, Donal.

Donal McCabe : Bonjour, Votre Majesté. Edward m'a confié le visuel et la présentation sous embargo aux médias.

La Reine : Excellente idée. Comme vous le savez, mon message de Noël offre la meilleure occasion de remettre les pendules à l'heure puisque c'est la seule déclaration qui ne soit pas soumise à l'approbation des services du Premier ministre. Mais, inutile de vous le rappeler, Messieurs, c'est un exercice toujours périlleux, un véritable champ de mines.

Edward Young : Quels thèmes aimeriez-vous aborder, Ma'am ?

La Reine : Cette nouvelle *annus horribilis* qui m'a frappée de plein fouet, la pire année que j'aie connue depuis la mort de Diana.

Edward Young : L'évocation de la crise familiale des années 1990 est une bonne idée, Ma'am. L'expression que vous aviez employée est entrée dans toutes les langues. Son rappel créera de l'empathie.

La Reine : Merci, Edward.

Donal McCabe : Je vous suggère de mentionner une année « semée d'embûches », Ma'am. L'art de la litote convient parfaitement au message de Noël qui doit toujours être au-dessus de la mêlée.

La Reine : J'en suis consciente, merci. Mon premier message date de 1952[3]. Vous n'étiez pas né, Donal.

Donal McCabe : Je vous propose d'aborder les problèmes familiaux par le biais du visuel. Par exemple, par le truchement de photos qui seront posées sur votre bureau, très visibles.

Edward Young : On peut faire passer un message subliminal sur l'avenir de la monarchie, qui est désormais incarné par le prince de Galles et la duchesse de Cornouailles, le duc et la duchesse de Cambridge et leurs trois enfants.

La Reine : J'aimerais y ajouter mes êtres chers, Philip et mon père, George VI.

Donal McCabe : Un choix parfait : fidélité du cœur et avenir de la monarchie en quelques photos. Ça va marquer les esprits.

La Reine : La « com' », comme vous dites, Donal, fait partie de mon travail de souveraine. Plutôt que d'en faire trop, la question est de faire bien, sans lyrisme ni effets théâtraux. Tout au long de mon règne, j'ai été attentive au visuel, à la symbolique de la fonction[4].

Edward Young : Il faut être prudent. La mise à l'écart de certains pourrait rappeler la disparition des images officielles des leaders tombés en disgrâce dans l'ex-URSS.

La Reine : C'est pourquoi, afin d'atténuer l'absence de mon petit-fils et de sa femme, j'envisage de rendre hommage à leur fils Archie en déclarant que Philip et moi avons été ravis de l'arrivée de notre huitième arrière-petit-fils dans notre famille. Le pauvre petit n'a rien à voir avec l'attitude de ses parents. Il est si mignon.

Donal McCabe : Je vous propose de clore le message sur les photos des quatre générations [la Reine, Charles, William et George] en train de préparer le Christmas cake.

Edward Young : Quels sont les autres sujets que vous aimeriez évoquer ?

La Reine : Les jeunes et l'environnement, pour montrer que je suis à l'écoute de mon temps.

Edward Young : Je me permets de faire une suggestion, évitez de mentionner le nom de Greta Thunberg qui a particulièrement marqué 2019. La moitié de vos sujets la porte aux nues, l'autre moitié la hait.

La Reine : Je n'en avais pas la moindre intention. Charles est un grand admirateur de cette créature. Il va être déçu.

Edward Young : Reste le Brexit. Le Royaume-Uni se prépare à un tournant historique, avec la sortie de l'Union européenne après trois ans et demi de chaos politique.

La Reine : Je dois le mentionner indirectement. Je ne peux pas donner l'impression d'ignorer mon nouveau Premier ministre, Boris Johnson. Son triomphe électoral est très impressionnant.

Edward Young : J'admire la façon dont vous êtes restée totalement neutre pendant tout le psychodrame du Brexit.

La Reine : Même à vous, Edward, je ne vous ai jamais confié mon sentiment profond sur le résultat du référendum européen.

Edward Young : En effet.

La Reine : Arborer un chapeau bleu surmonté de fleurs au cœur jaune a été mon seul faux pas. Que cette coiffe puisse rappeler le drapeau de l'Union européenne ne m'a jamais traversé l'esprit. Il n'y avait aucun message anti-Brexit, ni humour au second degré. Heureusement que j'ai réussi à persuader Angela [Angela Kelly, l'habilleuse de Sa Majesté] d'accepter la responsabilité de cette maladresse[5].

Edward Young : L'incident a été oublié.

La Reine : Edward, j'aimerais également mentionner la célébration du soixante-quinzième anniversaire du Débarquement. Je me souviens de l'anxiété visible sur le visage de mon père qui avait été mis au courant par Churchill mais ne pouvait pas partager l'information. Je veux mettre l'accent sur les bienfaits de la réconciliation avec les ennemis d'hier.

Donal McCabe : J'ai préparé un projet de texte à ce propos…

Edward Young : Excellent, Donal.

La Reine : Bon, au travail, Messieurs. Je dois encore discuter avec l'évêque de Windsor du message religieux. Angela me propose de porter une robe bleu foncé, une couleur qui, paraît-il, dégage la confiance.

Foin du pessimisme ! En réalité, Elizabeth II pavoise. La monarchie n'a jamais été aussi populaire. Selon le dernier sondage YouGov[6], 67 % des Britanniques se déclarent favorables à la royauté contre 21 % qui soutiennent l'instauration d'une république. Si la cote de popularité de la dynastie est plus élevée chez les générations âgées que parmi les jeunes, la relève est assurée. Tout en plébiscitant le prince Charles, héritier du Trône, les 18-24 ans sont persuadés que William et Kate joueront un rôle croissant dans les années à venir.

17

La Reine choisit William

(juin 2000)

PARTICIPANTS : La Reine, William.

LIEU : Le château de Windsor.

Tout a commencé au château de Windsor, à côté du pensionnat d'Eton[1] où William étudie. À l'issue du repas, le duc d'Édimbourg s'éclipse pour laisser la Reine et son petit-fils en tête à tête. Dans un salon à la fois « cosy » et majestueux jouxtant la salle à manger, le duo converse à bâtons rompus, sans ordre du jour bien défini.

Au fil de ces rencontres, Elizabeth II a inculqué à William l'abc du métier de futur roi qui est devenu sa raison d'être. L'apparente placidité de la souveraine cache une main de fer dans un gant de velours. Pas besoin pour William de lire Machiavel.

La Reine : Tu sais, William, je n'étais pas du tout préparée à régner. J'ai accédé au Trône par accident après l'abdication de mon oncle et la disparition prématurée de mon père.

William : Il vous a fallu beaucoup de courage.

La Reine : Je n'ai pas eu le choix. J'ai appliqué à la lettre la règle du pouvoir royal[2] : « Formuler des avertissements, donner des encouragements et des conseils » au gouvernement.

William : Vous n'avez donc aucune marge de manœuvre pour vous adapter aux circonstances ?

La Reine : Bien sûr que si. Mais n'oublie jamais qu'il faut respecter les usages établis et avoir conscience que toute innovation dérange le système en place. Et le système a fait ses preuves.

William : Comment avez-vous fait pour vous imposer ?

La Reine : Il faut savoir manier les rapports de force et veiller à ce que rien n'échappe à ton contrôle. Quand un problème surgit, il convient d'attendre le bon moment pour dicter avec fermeté ses volontés, à la famille, aux adversaires et aux gêneurs. C'est un métier que tu apprendras en le pratiquant.

William : Il y a des choses que vous détestez ?

La Reine : Être mise devant le fait accompli ou être prise par surprise. J'aime décider calmement sans me presser après avoir mûrement réfléchi à une solution. Il ne faut jamais se soumettre à l'hystérie de l'instant[3].

William : Avez-vous dû prendre des décisions qui allaient contre vos sentiments ?

La Reine : La raison d'État et l'ordre de succession l'emportent sur toutes les autres considérations. Il n'y a pas de place pour les sentiments. Le respect de la dignité de la charge est essentiel. Il faut faire son devoir, servir son pays, donner l'exemple.

William : Pourquoi vos messages à la nation ont-ils été aussi rares ?

La Reine : Tu apprendras que le silence est tout un art. Il faut savoir se taire et se maintenir au-dessus de la mêlée partisane.

William : Mais papa s'exprime publiquement sur tout.

La Reine : Ton père clame haut et fort ses convictions. C'est une grave erreur. Je ne cesse de le lui répéter.

William : Et l'humour ? Jusqu'où peut-on aller ?

La Reine : Il faut être amusant, mais jamais grinçant, n'être ni trop sérieux ni trop décontracté. Parfois il est utile de se faire passer pour moins intelligent qu'on ne l'est en réalité.

William : Vous avez dû déjouer des situations embarrassantes ?

La Reine : Je me souviens qu'un jour une cliente d'un magasin du village de Sandringham m'a lancé, poliment : « Excusez-moi, mais vous ressemblez à la Reine. » Je lui ai répliqué : « C'est plutôt rassurant. » J'ai aussi en mémoire l'un de mes invités avec deux verres de vin à la main à qui j'ai dit : « Ce n'est quand même pas si ennuyeux ici ! » Tu aurais dû voir sa tête[4].

William : Ce doit être fatigant de rencontrer tant de gens inconnus ?

La Reine : C'est moins difficile que cela ne paraît. Je ne dois pas me présenter. Ils savent qui je suis.

William : Un souverain doit-il adopter un style, se soucier de son look ?

La Reine : Je dois être vue pour être crue. Mon look, comme tu dis, c'est ce qui permet à mes sujets de me reconnaître, même de loin, dans une foule. Tu devras trouver ton propre style, avec ta future épouse.

William : Comment faut-il choisir ses collaborateurs ?

La Reine : Il faut le faire avec un soin extrême. Dans le passé, c'était facile, les grands commis de la monarchie provenaient tous du cercle magique de l'establishment. On se comprenait à demi-mot. Aujourd'hui, c'est plus compliqué.

William : Quelles sont les qualités requises pour vous servir ?

La Reine : Mes collaborateurs doivent savoir aller à l'essentiel, éviter l'accessoire et me donner le meilleur conseil, si déplaisant soit-il. Je leur fais confiance. Méfie-toi des flatteurs qui ne te disent que ce que tu veux entendre.

William : Comment faites-vous connaître votre opposition ?

La Reine : J'utilise des codes indirects. « Êtes-vous sûr ? » signifie un refus définitif. « En quoi cela peut-il aider ? » dénonce une idée saugrenue. « Je vois », c'est botter en touche. Et un silence glacial a parfois plus d'impact qu'une diatribe[5].

William : Quel rôle l'histoire de la monarchie joue-t-elle pour vous aider à régner ?

La Reine : Un roi n'échappe pas à l'histoire ! Avant de me prononcer, je me demande toujours comment mes prédécesseurs auraient réagi en pareilles circonstances.

William : L'autre jour, mon professeur d'histoire a lu un passage d'un livre d'une certaine Linda Colley[6] [spécialiste de l'histoire britannique à l'université de Princeton]. Selon elle, en posant des limites au pouvoir royal, en empêchant les rois de mener leurs troupes au combat ou d'intervenir dans le jeu politicien, la monarchie constitutionnelle émascule les rois. Votre règne dément ses propos, à moins que ce régime ne convienne mieux aux femmes qu'aux hommes.

La Reine : Qui sait si l'Angleterre n'en viendra pas un jour à promulguer une loi salique inversée, empêchant les héritiers mâles d'accéder au trône britannique ?

William : Pas avant la fin de mon règne ! Je dois regagner Eton avant le couvre-feu de dix-sept heures. Merci, Granny. Je vous souhaite une bonne semaine.

La Reine : À la semaine prochaine, William.

18

La réhabilitation de la scandaleuse Sophie

(avril 2021)

PARTICIPANTS : La Reine, Sophie de Wessex, sa bru.

LIEU : Le château de Windsor.

Sophie de Wessex, la femme d'Edward, a continué sa carrière dans les relations publiques après son mariage en 1999 avec le quatrième et dernier enfant d'Elizabeth II. En 2001, elle est piégée par un journaliste de tabloïd déguisé en faux cheikh[1]*. Moyennant espèces sonnantes et trébuchantes, la comtesse compare sa belle-mère à une « très chère vieille » et doit publiquement s'excuser. Mais la Reine ne lui en tiendra pas rigueur, au contraire. C'est le seul mariage de ses enfants qui a tenu. Le comte et la comtesse de Wessex possèdent le domaine de Bagshot Park, situé près du château de Windsor.*

Sophie est venue réconforter sa belle-mère après le décès du duc d'Édimbourg, le 9 avril 2021.

Sophie : Bonjour, Votre Majesté, j'imagine votre peine. Comment vous sentez-vous ?

La Reine : Bonjour, Sophie. Ma génération a appris à ne pas regarder en arrière. Le deuil doit rester une affaire privée en toutes circonstances.

Sophie : Vous êtes très stoïque. Je vous admire.

La Reine : En toutes choses, le devoir me guide. Si je n'étais pas reine, je vous avouerais que le prince Philip me manque beaucoup.

Sophie : C'est aussi mon cas. Il a toujours été très proche lors des moments difficiles. En particulier lorsque je me suis fait piéger par le *News of the World*.

La Reine : « Très chère vieille » n'était peut-être pas la meilleure formule pour évoquer votre belle-mère qui est aussi votre reine. Mais aujourd'hui je peux vous dire que ça ne m'a pas dérangée. J'avais été peinée que l'incident, après l'échec d'Edward dans la production de films, vous prive de revenus et vous fasse dépendre de moi.

Sophie : Vous avez été très généreuse. Et vous nous avez soutenus dans les mauvaises passes, en particulier quand il y a eu des rumeurs sur l'homosexualité d'Edward. Ce qui était faux.

La Reine : C'était une calomnie ! Ça m'a été confirmé par des personnes de confiance.

Sophie : Cela dit, je n'ai jamais eu de problèmes avec les homosexuels.

La Reine : Moi non plus ! Le partenariat civil [équivalent anglais du Pacs] ne m'a pas causé de difficultés. J'ai passé toute ma vie au milieu d'homosexuels, très nombreux à la Cour. Tant que les apparences sont sauves...

Sophie : Edward n'aurait jamais dû déclarer que nous avions décidé de faire chambre à part[2]. Ça a relancé la polémique.

La Reine : Ma chère enfant, ça a toujours été le cas avec le prince Philip. Lorsqu'un malade mental a pénétré dans ma chambre à coucher [en 1984], les Britanniques sont restés flegmatiques. Cela se passe ainsi dans l'aristocratie, et ce depuis toujours. Il ne faut pas chercher d'explications compliquées à la vie.

Sophie : Edward est irritable et parfois imbu de lui-même, mais je l'aime.

La Reine : Sachez que je ne vous abandonnerai pas. Votre mariage est le seul qui ne se soit pas terminé en divorce et ça compte beaucoup pour moi.

Sophie : Merci, Ma'am. C'est grâce à vous que j'ai pu m'intégrer dans la famille.

La Reine : Vous le méritiez. Allons prendre une tasse de thé maintenant.

19

Le métissage à l'affiche

(mai 2018)

PARTICIPANTS : William, Kate.

LIEU : Kensington Palace.

C'était le temps où tout semblait possible !

Célébrités et altesses, gospel et hymnes anglicans, pasteur noir américain au sermon interminable et God Save the Queen… *Les fastueuses noces de Meghan et Harry, qui se déroulent le 19 mai 2018 à la chapelle Saint-Georges du château de Windsor, font de l'Américaine l'inconnue la plus célèbre de la planète médiatique. Le mariage de l'ancienne comédienne d'Hollywood, divorcée et métisse, avec le second fils de Charles et de Diana a précipité la jeune femme sous les feux de la rampe. Ce n'est pas une entrée sur la scène publique, mais un raz-de-marée de « Meghanomanie » comme le Royaume-Uni n'en avait pas connu depuis le mariage entre le prince de Galles et Lady Di en 1981*[1].

Malgré leur brouille, Harry a choisi son frère comme

témoin à son mariage. Il n'avait pas le choix. Ainsi le veut la tradition royale. De retour à Kensington Palace après la réception, William et Kate décortiquent cette mémorable journée.

Kate : Quelle journée surréaliste !

William : Je ne te le fais pas dire.

Kate : Que penses-tu du titre de duchesse du Sussex ?

William : Ça lui va bien. Brighton est plein de vegans, d'artistes bidon, de gays, de féministes et de marginaux. Le paradis pour une actrice d'Hollywood.

Kate : J'en ai ma claque de Meghan. On s'est disputées à mort à propos des robes des demoiselles d'honneur. Elle les voulait jambes et pieds nus. Déguiser notre petite Charlotte en hippie, ça va pas la tête !

William : Elle t'a poussée à bout.

Kate : Mais je l'ai remise à sa place. Elle n'est que l'épouse du sixième dans l'ordre de succession. Je suis la future reine d'Angleterre.

William : Si elle se monte la tête, c'est la faute de Harry et de sa stupide remarque, « Ce que Meghan veut, Meghan l'obtient ». La pauvre Angela Kelly [la styliste de la Reine] en a fait les frais. Meghan avait réclamé une tiare venue de Russie qui aurait appartenu à l'une des filles du tsar assassinée par les bolcheviques[2].

Kate : Tu imagines la presse le lendemain : « la tiare sanglante ». Angela n'est pas du genre à se laisser marcher sur les pieds. Meghan n'avait pas compris que Granny a totalement confiance dans ses choix et Angela lui a imposé un diadème plus décent, celui porté par la reine Mary.

William : J'ai beaucoup aimé sa robe blanche qui lui donnait une belle silhouette.

Kate : Tu as raison, simple et élégante.

William : Comble de l'embarras, ma belle-sœur est affublée d'un père âpre au gain qui se vend à la presse tabloïd tout en se plaignant d'être harcelé par les paparazzis et qui refuse d'être présent au mariage sous prétexte de problèmes cardiaques.

Kate : Le prince Charles a été le héros du jour en acceptant de la mener à l'autel, alors que c'est le rôle du père de la mariée dans tous les mariages du monde ! En revanche, j'ai trouvé sa mère, Doria, adorable et d'une grande dignité. Elle était visiblement très émue.

William : Et qu'as-tu pensé du sermon enflammé du chef de l'Église anglicane américaine, sur le pouvoir de l'amour ?

Kate : Un peu too much. Son laïus était interminable. Le ton a sidéré l'assistance. Il a confondu une chapelle médiévale de la Couronne avec une cathédrale de Harlem.

William : En revanche, j'ai bien aimé le gospel et j'ai adoré *Stand by Me.*

Kate : Zara [Phillips, fille de la princesse Anne et cousine de William] a pouffé de rire sous son chapeau. J'ai dû lui lancer un regard en coin pour la rappeler à l'ordre. Ta grand-mère a été d'un stoïcisme remarquable.

William : Granny assure ! Toujours la même impassibilité dans les situations imprévues. Elle en a vu d'autres. Elle m'a raconté qu'aux funérailles du roi Baudouin de Belgique, il y avait des ex-prostituées philippines à côté de l'autel qui pleuraient à chaudes larmes.

Kate : Pendant la réception, J'ai parlé à George Clooney, qui est un copain de Meghan. Je l'ai trouvé vaniteux avec son air de bellâtre.

William : Par contre, Elton [John] et David [Furnish, le mari du chanteur] étaient cool. Ils ne se prennent pas au sérieux, à l'inverse des autres.

Kate : Harry avait des larmes de bonheur.

William : Pas pour longtemps. À mon avis, ce mariage est une erreur colossale. Ça ne va pas durer, mais c'est son affaire.

Kate : Meghan m'a semblé plutôt à l'aise. Elle a bien assumé son nouveau rôle de duchesse. Mais ça sonne faux. Et il faut qu'elle arrête avec ses *Fab Four* et sa référence aux Beatles[3] !

Kate : Comment tout cela va-t-il se terminer ?

William : Mal mais qu'importe, notre destin à nous est fixé !

20

Quand Meghan humilie ses collaboratrices
(octobre 2018)

PARTICIPANTS : William, Kate, Jason Knauf, ancien directeur de la communication de Harry et de Meghan.

LIEU : Kensington Palace.

Pendant un temps, ça baigne entre les Cambridge et les Sussex. Les deux couples donnent une image d'unité et de complicité. Ils partagent le palais de Kensington et sont souvent photographiés ensemble en public, tout sourire. La maison princière et la fondation caritative sont communes. La nouvelle duchesse est totalement intégrée à la vie royale. Le quatuor partage le même porte-parole natif des États-Unis : Jason Knauf[1].

À l'été 2018, le secrétaire particulier de Harry, Ed Lane Fox, en poste depuis cinq ans, annonce son départ. Il est remplacé par Samantha Cohen, l'ancienne numéro deux de Buckingham Palace. La Reine a choisi personnellement cette Australienne, qui est à ses côtés depuis dix-sept ans, pour guider les premiers pas de Meghan Markle dans les méandres de la royauté. Cette femme déterminée, pétillante et pas du tout guindée sait montrer les griffes, ce qui lui a valu le surnom, volontiers admiratif, de « Sam la panthère », en hommage au félin qui aime chasser dans l'ombre. Le courant passe bien entre l'Australienne au tempérament direct et l'« Américaine » libérée[2].

Patatras ! Quelques mois plus tard, Jason Knauf alerte la direction des relations humaines de Kensington Palace des accusations de harcèlement du personnel qui pèsent sur Meghan. Mais s'il existe des procédures internes destinées à protéger les salariés d'éventuelles intimidations de la part d'autres employés de la maison Windsor, rien n'a été prévu en cas de pressions émanant de membres de la famille royale. Persuadé que Buckingham Palace ne fera rien pour mettre Meghan au pas, Knauf avertit Simon Case, le secrétaire particulier de William et de Kate, avant de démissionner. Engagés désormais dans une lutte à fleurets mouchetés avec le couple, les Cambridge entendent recruter à tout prix celui qui est désormais l'ennemi numéro un de Meghan[3].

William : Bonjour, Jason. Peux-tu nous expliquer ce qui s'est passé ?

Jason Knauf : La duchesse du Sussex a poussé à bout deux collaboratrices qui ont démissionné. Une troisième a été à ce point traumatisée qu'elle a perdu toute confiance en elle-même. Votre belle-sœur est tyrannique. Entre nous, on l'appelait « la duchesse difficile ». Harry, foncièrement gentil mais totalement sous sa coupe, avait été baptisé « l'otage ».

Kate : Je n'en crois pas mes oreilles.

Jason Knauf : Elle est d'une incroyable cruauté, en particulier à l'égard de ses jeunes collaboratrices. Elle est très manipulatrice et gouverne par la peur. Elle crie tout le temps et les inonde de messages jour et nuit.

Kate : Pour Meghan, le personnel est, paraît-il, corvéable à merci ! Or, nos employés font en quelque sorte partie de la famille et doivent être traités comme tels. Sa brutalité est aux antipodes de notre attitude envers le personnel, dévoué et travaillant de longues heures.

William : Ma grand-mère m'a toujours dit que la monarchie est par nature paternaliste.

Jason Knauf : Harry en est conscient mais protège sa femme. Il m'a supplié de ne pas porter plainte.

William : Dès que j'ai pris connaissance du dossier, j'ai immédiatement téléphoné à mon frère qui s'est emporté en affirmant qu'il s'agissait de calomnies racistes colportées par des hauts fonctionnaires jaloux de leur autorité. Puis il m'a raccroché au nez.

Kate : Je me suis méfiée d'elle dès le départ. C'était également ton sentiment, William. Elle est déséquilibrée comme lui. Ils sont faits l'un pour l'autre. Elle fait tout pour m'éclipser, ce qui est pathétique. Elle oublie qu'elle n'est qu'une personnalité royale de second ordre mariée au sixième dans l'ordre de succession, qui ne régnera jamais.

Jason Knauf : Même Samantha Cohen, qui a l'habitude de gérer les membres de la famille royale, est épuisée. Elle n'en peut plus de l'insolence de la duchesse du Sussex, de ses coups de tête de diva et de sa grossièreté envers le petit personnel.

Kate : Samantha, m'a-t-on rapporté, s'était efforcée de changer la garde-robe trop sexy de la duchesse. En particulier, elle voulait qu'elle abandonne les robes trop courtes et les pantalons moulants, au profit de tenues plus raisonnables. Meghan n'a rien voulu entendre.

William : Et Samantha n'a eu de cesse de rappeler à Meghan qu'elle ne pouvait pas voler la vedette à son mari en public. En tant que consort, elle doit toujours marcher quelques pas derrière lui. Harry est prince de sang, fils de l'héritier du Trône et petit-fils d'Elizabeth II. Mais Meghan s'en fout de faire passer son mari pour un second rôle !

Jason Knauf : La duchesse a multiplié les humiliations. Samantha l'avait briefée sur l'engagement qu'elle est censée avoir en faveur de la défense des droits de l'homme. Or elle a porté en public, lors d'un dîner d'État aux Fidji, les boucles d'oreilles offertes par le prince héritier saoudien Mohammed ben Salmane[4] [celui-ci avait été accusé d'avoir ordonné l'assassinat, trois semaines auparavant, du journaliste dissident Jamal Khashoggi].

Kate : Ce manque de sensibilité est sidérant. Ne pas écouter Samantha, qui sait tout de l'étiquette et des us et coutumes des visites officielles, est insensé. Elle n'a vraiment rien compris au fonctionnement de la royauté.

Jason Knauf : Quand Samantha lui a dit que la culture du Palais est de traiter avec respect les employés, la duchesse a répliqué : « Je ne suis pas là pour dorloter mes collaboratrices. »

William : Jason, merci. Les accusations de harcèlement sont la goutte d'eau qui a fait déborder le vase.

Kate : Le « nous quatre » était voué à l'échec dès le départ.

William : Il faut qu'ils quittent immédiatement Kensington Palace. L'atmosphère est devenue délétère. Je ne veux plus avoir affaire à eux au jour le jour. Granny leur trouvera bien une résidence et les bureaux pourront déménager à Buckingham Palace. Comme ça, ils seront mieux contrôlés.

Kate : Scinder la maison royale en deux est la chose la plus évidente à faire. On va créer notre propre fondation, la Royal Foundation of the Duke and Duchess of Cambridge[5].

William : Jason, après ce que tu as dû endurer, pourquoi ne pas prendre la direction de notre nouvelle fondation ?

Kate : Tu serais parfait dans ce rôle.

Jason Knauf : Ce serait un grand honneur que de vous servir. Mais les Sussex prendront cette nomination comme une provocation, comme une trahison de ma part.

Kate : C'est la vie. Ils l'auront bien mérité après t'avoir maltraité.

Jason Knauf : Cela étant, le job m'intéresse.

William : J'appelle Simon [Case, secrétaire particulier de William et de Kate] pour qu'il mette le nouveau dispositif en route. Nous nous réjouissons que tu travailles à nos côtés. Prends rendez-vous avec lui pour discuter de la nouvelle fondation.

Kate : En ce qui nous concerne, la page Sussex est enfin tournée.

21

Vogue, le « coup » de trop
(septembre 2019)

PARTICIPANTS : La Reine, Edward Young, son secrétaire particulier.

LIEU : Buckingham Palace.

Meghan réalise apparemment un beau « coup » en persuadant l'édition britannique de Vogue[1] *de la laisser choisir les quinze femmes les plus influentes de la planète. De l'écolo Greta Thunberg à la boxeuse somalienne Ramla Ali en passant par la Première ministre néo-zélandaise, Jacinda Ardern, ou encore Michelle Obama… « Je les admire pour leur engagement, leur audace à rompre les barrières ou pour ce qu'elles représentent », a ingénument commenté la duchesse du Sussex. Mais l'intéressée a oublié de mentionner la souveraine. Un outrage pour Elizabeth II.*

La Reine a trouvé un exemplaire de l'édition de Vogue *sur le secrétaire Chippendale qui la suit depuis la fin de la guerre. En feuilletant le magazine de mode, elle n'y a trouvé qu'un tiers de Britanniques, peu de blanches, et, à son goût, trop de féministes et d'écolos. L'occupante de Buckingham Palace a refermé le mensuel sans mot dire avant de se plonger dans sa correspondance avec ses sujets et de rencontrer son secrétaire particulier.*

Passionnée de mode, Kate est bien sûr abonnée à Vogue. *Elle a lu le très chic magazine avec un mélange de répulsion devant le choix des héroïnes et d'envie devant la démonstration d'élégance et de féminité de Meghan.*

En mars 2002, c'est à l'occasion d'un défilé de mode d'étudiantes de l'université de St Andrews, au profit d'une œuvre caritative, que William avait découvert une Kate éblouissante[2]. *Après ses études, en 2005, au lieu de rejoindre, comme l'aurait voulu la logique, une grande salle de ventes aux enchères ou une galerie d'art, la future duchesse de Cambridge était devenue acheteuse d'accessoires pour la chaîne de prêt-à-porter Jigsaw fondée par des amis de ses parents. Mais William l'avait poussée à quitter la planète fashion dans laquelle Diana s'était fourvoyée pour rejoindre l'entreprise de farces et attrapes fondée par les Middleton. Après son mariage, Kate s'était glissée dans le style vestimentaire classique de la Reine. Sa coiffure était devenue sage, son maquillage léger, son look terne.*

Meghan, elle, sait mieux que personne marier mode, cinéma et royauté – le triptyque par excellence de la célébrité – pour s'imposer. En comparaison, Kate a beau avoir la noblesse distante et le port altier, sa belle-sœur rafle la mise à tous les coups grâce à ses talents d'actrice, son charme et sa modernité.

La Reine : Bonjour, Edward. Comme disait mon aïeule la reine Victoria : *We are not amused* [« Je ne trouve pas cela amusant du tout »].

Edward Young : Bonjour, Votre Majesté. En effet, cette publication est éminemment regrettable. La duchesse joue les provocatrices en se drapant de la cause féministe. Dans un autre article, elle a évoqué le sort des travailleuses du sexe, les premières règles ou la contraception.

La Reine : Ce genre de problèmes doit se discuter en privé, pas en public.

Edward Young : Je partage votre avis sur la question.

La Reine : J'ai entendu dire que, pour rester modeste, elle avait refusé de mettre sa photo en couverture au profit de portraits des féministes qu'elle a choisies. Ne pensez-vous pas que ce soudain effacement est surtout destiné à marquer sa différence avec Kate qui avait fait la une de *Vogue* ?

Edward Young : En effet, Votre Majesté. Elle se définit comme une *Wonder Woman*, l'étendard du mouvement *MeToo*. L'état-major de la duchesse est d'ailleurs à cent pour cent féminin et à son image[3].

La Reine : J'ai toujours préféré travailler avec les hommes.

Edward Young : La duchesse a fait une interview de Michelle Obama qu'elle décrit comme une sainte.

La Reine : Ah oui. Je me souviens de l'étreinte de la First Lady lors de leur visite officielle à Londres il y a huit ans[4]. C'était nouveau et original. L'expression « sainte » me semble un peu poussée.

Edward Young : Jane Fonda figure parmi les égéries de la duchesse.

La Reine : Une actrice exceptionnelle ! Même si Ronnie[5] [Ronald Reagan] m'a confié un jour qu'elle avait trahi son pays en se rendant à Hanoï en pleine guerre et qu'elle méritait le peloton d'exécution.

Edward Young : L'un de mes collaborateurs m'a signalé que pendant sept mois Son Altesse royale ne s'était occupée que de ce numéro de *Vogue* en sacrifiant ses fonctions de représentation.

La Reine : C'est regrettable. Les activités caritatives devraient rester au premier rang de nos occupations.

Edward Young : Il y a un autre conflit d'intérêts d'importance, Ma'am. La duchesse a gardé son avocat, son communicant et son comptable aux États-Unis alors qu'elle s'était engagée à mettre un terme à sa carrière américaine dans le show-business.

La Reine : Edward, comment savez-vous cela ?

Edward Young : Les « cousins » [la CIA] nous ont prévenus. L'information a été confirmée par l'antenne du MI6 [service de renseignement britannique à l'étranger] à Washington. J'ai aussi lu quelque part que le duc du

Sussex a déclaré qu'il n'enseignera pas le salut royal au futur bébé. Il a dit que son enfant ne serait pas élevé de cette manière[6].

La Reine : Je vois.

Edward Young : Oui, Ma'am.

La Reine : Mon petit-fils est visiblement sous la coupe de cette femme. Comment la presse britannique a-t-elle accueilli le *Vogue* ?

Edward Young : Avec hostilité, et pas seulement la presse populaire. Dans le *Times*, Melanie Phillips dénonce la championne du *woke* en évoquant une personnalité superficielle qui sème la discorde[7].

La Reine : J'aime bien Melanie, même si elle est très à droite. Je partage souvent la teneur de ses éditoriaux.

Edward Young : Bon nombre de commentateurs font remarquer que la duchesse veut aider les pauvres. Dès lors, contribuer à un magazine destiné aux super-riches apparaît comme de l'indécence.

La Reine : Lorsque Kate avait fait la couverture de *Vogue*, tout le monde trouvait ça bien. Mais elle avait habilement évité de parler politique.

Edward Young : Mes collègues en charge du prince de Galles et du prince William m'ont fait part de leurs inquiétudes sur la tonalité politique des interventions de la duchesse.

La Reine : Edward, nous avons un problème.

Edward Young : Je le crains, Ma'am.

La Reine : Heureusement, elle va mettre un bébé au monde. J'espère qu'avec cette naissance, elle va se calmer et se couler dans le moule.

Edward Young : Espérons-le.

La Reine : Le deuxième point à l'ordre du jour est mon tête-à-tête avec le Premier ministre. Au moins, Boris Johnson va me faire oublier mes soucis familiaux. Il me met toujours de bonne humeur.

Il y a urgence à réagir. Kate profite du faux pas de Meghan dans Vogue *pour recruter comme conseillère en image une amie d'université, Virginia Chadwyck-Healey, qui, ô surprise, est une ancienne éditrice du magazine. La garde-robe de la duchesse de Cambridge s'en trouve brillamment transformée, grâce à un panachage de touches personnelles audacieuses, d'humour en demi-teinte et de suggestions historiques qui évoquent son statut de future reine d'Angleterre. La métamorphose est finement menée*[8].

22

La rupture est consommée

(mars 2019)

PARTICIPANTS : Harry, Meghan.

LIEU : Kensington Palace.

Désormais la rupture entre William et Harry est irréversible. Les Sussex quittent Kensington Palace, où habitent William, Kate et leurs enfants, pour Frogmore Cottage dans le parc de Windsor. Par ailleurs, les bureaux sont scindés. Les Sussex installent leur QG, jusque-là partagé avec les Cambridge à Kensington Palace, à Buckingham Palace. Ils ont recruté une nouvelle secrétaire particulière, l'ex-ambassadrice Fiona Mcilwham, ainsi que Sara Latham[1]*, ancienne public-relations de Bill et Hillary Clinton, comme directrice de la communication.*

Par ailleurs, le capital de la Royal Foundation – l'organisation caritative que les deux frères avaient créée pour promouvoir leur action philanthropique – est divisé en deux parts égales. Alors que les Cambridge récupèrent le compte Instagram @kensingtonroyal, Harry et Meghan créent leur propre enseigne, @sussexroyal.

Les Sussex sont déterminés à tracer leur propre chemin tout en restant membres de la famille royale. D'autre part, ils refusent de jouer le jeu des médias en assurant le service minimum lors de la naissance, le 6 mai 2019, de leur premier enfant, Archie Harrison Mountbatten-Windsor, septième dans l'ordre de succession au Trône. Ils entendent se différencier des autres Windsor : cérémonie privée le 6 juillet pour le baptême d'Archie, loin du public et de la presse. Les clichés réalisés par un photographe privé pour en détenir le copyright sont diffusés sur le seul compte internet des Sussex. C'est là déterrer la hache de guerre avec les journaux qui ont besoin d'images de l'actualité heureuse.

Meghan : Les jeux sont faits. Ils ne voulaient plus nous croiser chaque jour. Ils nous ont jetés dehors mais tant mieux, on est enfin débarrassés d'eux. On va pouvoir exister par nous-mêmes.

Harry : On leur faisait de l'ombre. William n'a pas supporté le succès de notre tournée en Australie et dans le Pacifique. C'est ça qui a semé les graines de la discorde. Il est tout bêtement jaloux.

Meghan : Et « merlu froid » a détesté l'accueil triomphal qui m'a été réservé. Elle a peur que je devienne la favorite du public. C'est idiot, c'est elle la future reine.

Harry : Ma chérie, elle ne pourra jamais te concurrencer en termes de glamour et elle le sait.

Meghan : Ce qui me rend folle, c'est qu'elle est fausse. L'opinion publique se plante sur elle !

Harry : C'est vrai que Kate cache bien son jeu. Elle joue l'effacée, mais elle est d'un métal froid. Elle a de la trempe et de l'ambition sous ses apparences timides.

Meghan : Ces plaintes diffamatoires de maltraitance de mon personnel, c'est encore un de ses coups fourrés. Elle n'a rien trouvé de mieux que de débaucher ce renégat de Jason Knauf, c'est lui le responsable de ces accusations mensongères.

Harry : Meghan, dans notre nouvelle vie, l'argent va être un problème.

Meghan : Ton père peut aisément financer notre train de vie. Il est riche[2].

Harry : Il est pingre, comme l'est toute ma famille.

Meghan : Harry, notre résidence de Frogmore Cottage doit être entièrement rénovée. On n'en a pas les moyens. Je me moque de qui règle la note, ton père ou l'État. Ce n'est pas mon problème.

Harry : Il faut peut-être se calmer. La facture des travaux que tu as prévus est très salée : trois millions d'euros au lieu du devis de deux millions initialement envisagé.

Meghan : Que veux-tu, mon chéri, Vicky Charles n'est pas la décoratrice la moins chère de Londres, mais c'est la meilleure. Je n'ai pas l'intention de vivre dans du Ikea. Mais si ce n'est pas ton père, ce sera le contribuable. Après tout, notre couple rafraîchit l'image vieillotte de la famille royale véhiculée par William et Kate. Nous contribuons à l'essor économique du royaume. Ça a un prix !

Harry : Et la naissance de notre premier enfant va faire exploser notre popularité, ici comme aux États-Unis.

Meghan : Oui, et c'est là que je me méfie. Je veux le protéger des médias qui nous sont hostiles. Je vais appeler mon agent et mon responsable de la communication à Hollywood, Sunshine Sachs, des génies. Ils ont même réussi à lifter l'image publique de Naomi Campbell après toutes ses histoires de coke. Il faut en priorité monter notre propre fondation puisque ton ordure de frère nous a virés de la Royal Foundation.

Harry : Ton idée de l'appeler Sussex Royal est géniale. Il faut l'enregistrer au registre de commerce. Le logo doit être surmonté d'une couronne[3].

Meghan : Ta famille est lourdingue mais je dois reconnaître que la monarchie fait vendre. Il faut utiliser notre position pour faire fructifier nos affaires en Amérique.

Harry : Sous le monogramme HM [Harry-Meghan, qui évoque aussi *Her Majesty*], on va pouvoir vendre des articles à notre effigie pour financer nos activités caritatives.

Il nous faut aussi élargir notre action à la défense de la santé mentale, la promotion de l'environnement et toutes les causes auxquelles nous sommes attachés.

Meghan : Harry, il faut voir grand ! Je ne veux pas me cantonner à des livres, magazines, brochures, biscuits, articles de mode ou mugs à thé ridicules, comme le font William et Kate. Il nous faut de la thune !

Harry : Tu as raison, ma chérie.

Meghan : De la thune, Harry, de la thune ! David Watkins[4] va faire des miracles avec Sussex Royal. Ce petit génie des réseaux sociaux a su donner un coup de jeune à une vieille marque poussive comme Burberry. Il va permettre à notre compte de résister au rouleau compresseur de Kensington Royal qui marche avec le Palais.

Harry : Tu ne crois pas qu'il faudrait d'abord en parler avec Granny ? Il est difficile d'exploiter une licence royale sans son accord et elle n'envisage qu'un usage philanthropique.

Meghan : Ne sois pas idiot, Harry, on va s'en passer. Il faut mettre la Reine devant le fait accompli. Mes avocats disent que la royauté n'a aucune compétence sur l'utilisation du mot « royal » à l'étranger. Donc pas question de renoncer à notre marque.

Harry : Ça fera chic et impressionnera tous nos potes, Leonardo DiCaprio, George Clooney, Serena Williams…

Ils vont nous aider à lever des fonds pour nous permettre de vivre comme eux.

Meghan : Comme des stars, Harry. Notre compte Instagram va exploser. Celui de Kate et de William est complètement ringard.

Harry : Et par-dessus le marché, ils trichent[5]. Chaque fois que le nombre de nos abonnés grimpe, il augmente dans l'autre camp. Je suis certain que les *community managers* de mon frère font monter artificiellement sa cote et celle de Kate.

Meghan : Leur concurrence est pathétique. Nous sommes les meilleurs, Harry chéri.

23

Ultime humiliation

(mars 2020)

PARTICIPANTS : Meghan, Harry.

LIEU : L'aéroport d'Heathrow.

L'ultime apparition publique de Harry et de Meghan en tant que membres actifs de la famille royale est programmée à l'occasion du service religieux en l'honneur du Commonwealth à l'abbaye de Westminster[1]*. Mais les chaleureuses retrouvailles annoncées n'ont pas lieu. Pendant le service retransmis en direct à la télévision, la tension est palpable. Les humiliations à répétition subies lors de la cérémonie laissent aux Sussex un goût amer. Meghan décide de rentrer le soir même à Vancouver pour retrouver Archie. Elle embrasse son mari et part directement pour l'aéroport d'Heathrow. Dans le terminal royal, auquel elle a exceptionnellement accès malgré la coupure du cordon ombilical avec les Windsor, elle appelle son mari au téléphone.*

Harry : Ma famille nous a sciemment humiliés pour nous faire payer notre décision de voler de nos propres ailes. Je reste quelques jours avant de te rejoindre pour en finir avec le déménagement.

Meghan : Leur intention de nous nuire était évidente. Notre exclusion de la procession royale dans l'allée centrale de l'abbaye de Westminster acte notre éviction du premier cercle de la monarchie. Nous avons été rétrogradés, assis aux côtés d'Edward et de Sophie de Wessex, deux membres « juniors ». En plus je déteste cette snobinarde de Sophie qui n'arrête pas de se vanter de sa proximité avec ta grand-mère.

Harry : William et Kate ont accepté de renoncer à la procession pour se joindre à nous soi-disant en un geste d'apaisement, mais c'était du bidon !

Meghan : Ils nous ont snobés devant les caméras du monde entier !

Harry : Quand William est arrivé, je lui ai souri. Il a fui mon regard en me lançant un bref « Bonjour, Harry » et puis plus rien.

Meghan : J'ai cherché un contact visuel avec le « merlu froid ». Elle m'a ignorée. J'ai fait une longue révérence à la Reine et à ton père quand ils sont passés devant nous. Et tu sais comme je trouve ça ridicule. Mais Kate, ultime affront, est restée immobile pour montrer à la face du monde que je ne comprenais rien au protocole, qu'il ne fallait pas faire la révérence à cette occasion.

Harry : J'étais fou de rage mais je n'ai rien laissé paraître.

Meghan : Tu étais sombre, complètement à cran. Tu n'as pas arrêté de tripoter ton alliance pour te donner une contenance. Mon pauvre chéri.

Harry : Kate est restée de marbre, les lèvres serrées. Elle n'a pas cillé.

Meghan : Seuls les yeux brillants à peine humides de cette greluche disaient le plaisir de sa victoire. Débarrassée de moi, elle n'a plus de rivale !

Harry : Tout ça me confirme qu'on a eu raison de claquer la porte.

Meghan : Quel ennui, cette cérémonie. Le seul moment émouvant a été l'interprétation de *No Mountain High Enough* par la chanteuse black Alexandra Burke, de la Motown. J'adore le negro spiritual[2]. Après tout c'est la musique de mes ancêtres, qui sait si ce sont les gènes qui parlent ? En quittant l'église, je l'ai serrée dans mes bras, rien que pour provoquer ta tribu Windsor.

Harry : Les autres faisaient la gueule, cette famille est à désespérer.

Meghan : Pendant la célébration, j'étais totalement désengagée. J'ai affiché mon plus beau sourire de comédienne. À la sortie, le public qui était venu nous applaudir m'a mis du baume au cœur.

Harry : Au moins, tu as eu droit au même bouquet que Kate et Camilla et le garde écossais en kilt t'a fait un salut militaire.

Meghan : Ils ne pouvaient pas faire autrement.

Harry : Le spectacle m'a quand même ému ; les discours, les musiciens et les danseurs.

Meghan : Tu m'excuseras, Harry, mais quand on connaît l'histoire raciste du Commonwealth, ce service religieux a été une infamie. Quand l'Angleterre va-t-elle accepter son passé colonialiste[3] ?

Harry : Tu as raison. Notre couple aurait pu démontrer que les choses étaient en train de changer. Mais l'institution royale nous a rejetés comme des bons à rien. C'est bien triste…

Meghan : L'hôtesse de British Airways vient de me faire signe qu'il faut embarquer. L'avion de Vancouver est prêt à décoller.

Harry : À nous l'Amérique, là-bas au moins, personne ne va chicaner nos lauriers.

Ultime humiliation

Meghan : Vivement notre installation à L. A.

Harry : Je rêve de représailles.

Meghan : Ne t'en fais pas. Notre vengeance sera implacable le moment venu.

Le coronavirus qui déferle sur le Royaume-Uni dans les jours et les semaines qui suivent, en mars et avril 2020, va permettre au duc et à la duchesse de Cambridge de s'imposer[4]*. Confinée à Windsor lors de la pandémie, Elizabeth II les a tout naturellement choisis pour aller à la rencontre des professionnels de santé en première ligne dans la lutte contre le Covid-19. Mais la souveraine continue de maintenir les apparences de magnanimité. Elle fait envoyer via Instagram ses vœux pour le trente-neuvième anniversaire de Meghan en août 2020.*

24

Des funérailles qui n'apaisent pas les esprits…

(avril 2021)

PARTICIPANTS : La Reine, Penelope Knatchbull, comtesse Mountbatten de Birmanie, dite « Penny ».

LIEU : Le château de Windsor.

Bien qu'attendu, le décès, le 9 avril au château de Windsor, du prince Philip à l'âge de quatre-vingt-dix-neuf ans est un coup dur pour la souveraine[1]*. Après soixante-treize ans de mariage, Elizabeth II a perdu son « roc », selon sa propre expression. Les funérailles du duc d'Édimbourg se déroulent le 17 avril, simples, sans fioritures et dans la plus stricte intimité. Lors du service religieux à la chapelle Saint-Georges, Elizabeth II, assise seule, se montre stoïque, ne laissant rien paraître de son chagrin derrière un masque noir.*

Meghan a prétexté sa grossesse pour ne pas se déplacer. Présent, Harry marche à l'unisson aux côtés des ducs et des princes royaux derrière le cercueil. Leur cousin, Peter Phillips, fils de la princesse Anne, a été placé entre les deux frères désormais brouillés à mort.

Des funérailles qui n'apaisent pas les esprits…

Malgré les attaques de la duchesse du Sussex, Kate a gardé beaucoup d'affection pour Harry qui la faisait tant rire. Elle profite de l'absence de Meghan pour tenter de rabibocher les deux frères. L'épouse de William est très proche de son frère, James, et de sa sœur, Pippa. Elle se voit comme la grande sœur que Harry n'a jamais eue. Elle souhaite également que ses enfants connaissent leur oncle et leur cousin Archie. Mais la tentative de réconciliation sous les yeux de tous tourne court. William et Harry échangent quelques banalités sur le déroulement de la cérémonie à la sortie de la chapelle. Le projet d'une réunion organisée par le prince Charles après les funérailles en vue de tenter de régler la dispute doit être abandonné.

Penelope Knatchbull, comtesse Mountbatten de Birmanie[2]*, dite « Penny », une amie de longue date du défunt, figure parmi les trente personnes que la Reine a invitées à une réception après les obsèques. Son époux Norton, petit-fils de Lord Mountbatten, était le filleul du prince Philip.*

La Reine : Merci, Penny, d'être venue. Vous étiez très proche de Philip, sur le plan personnel comme familial.

Penelope Knatchbull : Merci, Votre Majesté. J'ai été très honorée de représenter mon époux Norton, trop malade pour participer à la cérémonie.

La Reine : Philip vous aimait beaucoup. Il m'avait dit que vous étiez très douée pour les courses de calèches. Il va beaucoup me manquer en tant qu'époux, compagnon et conseiller. J'appréciais sa franchise. Je vais me sentir très seule après sa présence à mes côtés depuis 1947.

Penny : Ma'am, j'étais attachée au duc d'Édimbourg. Je me souviens de sa gentillesse et de sa disponibilité lorsqu'il m'avait appris la conduite de calèches[3].

La Reine : C'était son sport favori.

Penny : Kate s'est montrée chevaleresque en ignorant l'attaque ignominieuse de Meghan dans l'interview à Oprah. Je suis certaine que Meghan a menti en l'accusant de l'avoir fait pleurer la veille de son mariage.

La Reine : Ne me parlez pas de cette interview diffusée alors que Philip était à l'agonie. Ce fut très pénible pour moi.

Penny : Pauvre Harry tombé sous l'influence de cette femme !

La Reine : Il n'a que ce qu'il mérite. Regardez la réception. Personne ne lui adresse la parole. La princesse royale [Anne, la fille de la souveraine] et la comtesse de Wessex [Sophie, épouse d'Edward] le battent froid. Cela dit, j'aurais tellement aimé que les deux frères se réconcilient à l'occasion des funérailles de mon époux.

Penny : Bien sûr, vous réagissez en tant que grand-mère aimante.

La Reine : Cette brouille est ridicule et m'affecte beaucoup. Avec ma sœur Margaret, on a eu des hauts et des bas, mais ils n'ont jamais été étalés sur la place publique. Autres temps, autres mœurs, je suppose.

Penny : Il y a une question qui me chiffonne, Ma'am. Qui va hériter du titre de duc d'Édimbourg ?

La Reine : Selon le protocole, il revient à Charles qui doit le rétrocéder lorsqu'il me succédera sur le Trône. Philip l'avait promis à Edward mais je soupçonne que Charles, comme d'habitude, n'en fera qu'à sa tête. Et ce n'est un secret pour personne que les deux frères ne s'entendent guère[4]. Charles ne veut en aucun cas que le fils d'Edward puisse hériter du titre. Il pourrait l'offrir à Louis, le dernier enfant de William et de Kate.

Penny : C'est dommage pour Edward.

La Reine : Charles est cruel. Il a ainsi obligé Edward à lui rendre devant toute la famille le *sporran* de Philip [la sacoche accrochée à la ceinture du kilt qui pallie l'absence de poches]. Cette humiliation publique m'a fait tellement honte que j'ai fixé mes pieds. Mais j'ai toujours eu pour règle de ne pas intervenir dans la vie de mes enfants.

Penny : Les luttes fratricides, je connais cela, avec mes trois enfants.

La Reine : Vous reprendrez bien une tasse de thé, Penelope ?

Penny : Avec plaisir, Ma'am.

25

Andrew face aux avocats « *made in USA* » (septembre 2021)

PARTICIPANTS : Le prince Andrew, duc d'York, et Andrew Brettler, son avocat américain.

LIEU : Le château de Balmoral, résidence d'été d'Elizabeth II.

Dans des conditions rocambolesques, le prince Andrew, cloîtré à Balmoral, se voit notifier la plainte déposée à New York par David Boies, l'avocat new-yorkais de Virginia Giuffre qui l'accuse d'abus sexuels. Jusque-là, le duc d'York a refusé toute collaboration avec la justice américaine. Il s'est retiré de la vie publique et passe la plupart de son temps reclus aux côtés de sa mère, la reine Elizabeth II.

Mais la stratégie de son avocat britannique, Gary Bloxsome, consistant à jouer profil bas, se révèle contre-productive. C'est pourquoi, sous la pression d'une Elizabeth II inquiète, S.A.R. fait appel aux services d'Andrew Brettler[1]*, as du barreau californien, avocat des stars d'Hollywood et adepte de la justice-spectacle. Sûr de lui-même, le* *flamboyant avocat du cabinet Lavely & Singer est dépourvu du moindre scrupule.*

Pour Elizabeth II, il y a urgence à régler l'« Andrewgate » qui menace d'occulter les fêtes prévues en juin 2022 en l'honneur du jubilé de platine marquant les soixante-dix ans de son règne.

Le prince Andrew : Bonjour, Mr Brettler. Vous êtes spécialiste de la défense des stars d'Hollywood, d'après ce que l'on m'a dit.

Andrew Brettler : Appelez-moi Andrew. Je m'occupe en effet des célébrités en bisbille avec les studios de cinéma, les médias ou visées par des plaintes de prétendues victimes de viols.

Le prince : Vos honoraires ne sont pas donnés, Andrew. Plus de deux mille dollars de l'heure. Mon *solicitor* britannique, Gary Bloxsome, était bon marché en comparaison[2].

Andrew Brettler : Et totalement nul. Il est responsable du pétrin dans lequel vous êtes aujourd'hui et typique des avocats anglais avec qui j'ai travaillé ! En vous conseillant de faire couleur muraille, il vous a fait passer pour un lâche.

Le prince : Je vous en prie.

Andrew Brettler : Mes honoraires sont à la hauteur

de l'enjeu, une affaire d'accusation de pédophilie et de proxénétisme !

Le prince : Je n'ai jamais rencontré cette fille.

Andrew Brettler : Peut-être… mais la photo où vous êtes enlacés pose problème.

Le prince : C'est un montage. Quelle sera votre tactique ?

Andrew Brettler : Je vais construire une défense dégueulasse.

Le prince : J'y compte bien. Que savez-vous de l'avocat de l'autre camp ?

Andrew Brettler : David Boies[3], sourire charmeur, quatre-vingts ans sportifs, une vedette.

Le prince : Un salaud. Il a dit au *Times* : « J'ai beaucoup de sympathie pour la Reine, mais son fils Andrew ne peut pas continuer à se cacher dans les jupes de sa mère » !

Andrew Brettler : C'est de bonne guerre. Il est très médiatique. Vos avocats britanniques ont commis une grave erreur en lui laissant le champ libre.

Le prince : Quelles sont mes chances de l'emporter ?

Andrew Brettler : On peut le gagner, ce procès ! Mais le déballage de linge sale pourrait ruiner votre réputation.

D'autant que vous serez absent du prétoire et les absents ont toujours tort.

Le prince : Quoi qu'il arrive, je suis devenu paria dans mon propre pays.

Andrew Brettler : Que pense la Reine d'un procès en bonne et due forme ?

Le prince : Elle pense que je peux encore sauver ma réputation.

Andrew Brettler : Ça, c'est de l'optimisme !

26

Les adieux de Treetops
(octobre 2021)

PARTICIPANTS : La Reine, Lady Susan Hussey, sa dame de compagnie.

LIEU : Le château de Windsor.

Le jeune couple princier logeait à Treetops, un lodge à l'ombre du mont Kenya, lorsque, au cours de la nuit du 5 au 6 février 1952, George VI mourut d'un cancer au château de Sandrigham. Mais la nouvelle ne parvint au campement, par l'intermédiaire d'un journaliste de Reuter, que le lendemain dans l'après-midi. La princesse Elizabeth faisait alors la sieste avec son mari. L'écuyer de Philip, Mike Parker, prévint le duc d'Édimbourg qui dut à son tour apprendre la terrible nouvelle à sa femme. La princesse est devenue reine au Kenya[1].

À l'aéroport de Londres, le 7 février 1952, en milieu d'après-midi, les dirigeants politiques viennent accueillir la nouvelle souveraine. Winston Churchill, soixante-dix-neuf ans, en tête, ils l'attendent sur la piste revêtue d'un tapis noir. La fine et frêle silhouette en tenue de deuil, portant un chapeau à plumes et une broche de diamants sur le revers de son manteau, apparaît, très pâle, à la porte de l'appareil et s'arrête une seconde avant de descendre lentement la passerelle. L'œil sec, elle dit au Vieux Lion : « Ce retour est bien tragique. » Elle a vingt-six ans. Elle n'est pas prête à régner.

Le 8 février, à onze heures quinze du matin, Elizabeth II est proclamée chef de l'État, de l'Église anglicane, des armées et du Commonwealth. Les hérauts d'armes en costumes médiévaux et les trompettes d'argent au son clair inaugurent le nouveau règne.

Près de soixante-dix ans plus tard, la pandémie et le manque de touristes ont raison du Treetops Lodge, qui ferme définitivement ses portes en octobre 2021[2]*. Elizabeth II évoque avec sa dame de compagnie, Lady Susan Hussey, la fermeture de ce lieu qui a marqué sa vie à jamais.*

La Reine : Susan, comment ne pas être triste… Je viens d'apprendre que Treetops ferme.

Lady Hussey : C'est triste en effet. C'est le lieu où votre règne a commencé. Vous êtes arrivée à Treetops en tant que princesse et vous avez quitté le lodge en étant reine.

La Reine : Loin du Palais, c'est là que nous avions goûté aux charmes d'un safari africain, notre dernier moment de liberté. J'ai pu m'adonner à souhait à mon occupation favorite, la photographie. Je me souviens encore d'avoir pris un cliché d'un éléphant toutes oreilles déployées et éclairé par le soleil couchant avec la masse du Kilimandjaro au fond.

Lady Hussey : Je suis allée à Treetops avec mon époux. Nous avions adoré.

La Reine : Le lodge était très rustique. J'étais fascinée par la mare boueuse qui attirait un formidable bestiaire. Les hurlements inquiétants, presque humains, des hyènes m'avaient empêchée de dormir. Ce jour-là, on nous avait réveillés très tôt pour voir les lions. C'est pourquoi nous faisions une longue sieste.

Lady Hussey : Comment avez-vous appris la terrible nouvelle ?

La Reine : Philip s'est absenté un moment pour rejoindre son écuyer. Il m'a réveillée et m'a proposé de faire une promenade. Il m'a prise dans ses bras et, avec une délicatesse que je ne lui connaissais pas, il m'a dit : « Ma chérie. J'ai une mauvaise nouvelle à t'annoncer. Il faut que tu sois courageuse. Le Roi est mort dans son sommeil. Tu es reine. » Je me souviens encore de chacun de ses mots. Philip n'était pas du genre à montrer ses émotions. Mais son visage était bouleversé, on aurait dit que le monde lui était tombé sur la tête[3].

Lady Hussey : Moi aussi, je m'en souviens comme si c'était hier. J'avais douze ans et j'étais au pensionnat lorsqu'on nous a annoncé le décès du Roi. La soudaineté de sa disparition m'avait frappée de stupeur.

La Reine : J'avais eu un mauvais pressentiment lorsque mon père nous avait accompagnés à Heathrow. Son œil hagard ne pouvait pas se détacher de l'avion, comme s'il avait su qu'il ne me reverrait plus.

Lady Hussey : La photo en noir et blanc du Roi tête nue vous saluant est déchirante.

La Reine : J'ai encore en mémoire le silence qui s'est abattu sur Treetops. Par respect pour mon père, les photographes chargés de couvrir la tournée royale avaient déposé par terre leurs appareils photo. J'attendais mon destin, murée dans mon chagrin, pleurant autant sa mort que la fin de ma liberté. Ma première décision en tant que souveraine a été de choisir le nom sous lequel j'allais régner. J'aurais pu choisir Mary III plutôt que de risquer une éventuelle confusion avec ma mère. J'ai pourtant opté pour mon premier prénom, Elizabeth.

Lady Hussey : Les dix jours de deuil avant les funérailles ont dû être particulièrement éprouvants. Vous étiez si jeune.

La Reine : Ma première rencontre avec ma mère et ma sœur, qui ont dû me faire la révérence, a été un moment surréaliste.

Lady Hussey : Pour suivre les funérailles, mon père avait acheté notre premier poste de télévision.

La Reine : Le moment le plus difficile fut l'inhumation dans la crypte royale. Quand les orgues ont entonné la *Marche funèbre* de Haendel, j'ai pensé à l'humilité et au stoïcisme de papa dans sa lutte contre la douleur, à sa ténacité face aux épreuves du bégaiement, à l'abdication de mon oncle et bien sûr à la guerre. Je me suis efforcée d'être digne de lui tout au long de mon règne. Y ai-je réussi ? Je l'ignore.

Lady Hussey : Heureusement que Winston Churchill était là pour vous prêter main-forte.

La Reine : Bien qu'il ait déclaré qu'il me trouvait trop jeune pour régner, nous avons établi dès le départ la même relation de confiance qu'il avait avec mon père. J'appréciais sa franchise. Il m'a enseigné l'aspect politique du métier de cheffe de l'État. Il ne dédaignait pas le whisky et il était très amusant. Lors de l'audience hebdomadaire qui pouvait durer jusqu'à deux heures, on riait beaucoup. Il portait avec panache la redingote et le haut-de-forme et nous discutions souvent des courses de chevaux et des matchs de polo.

Lady Hussey : Quelles étaient à votre avis ses grandes qualités ?

La Reine : Sa sagesse et son éloquence. À l'inverse de celles que j'ai eues avec la plupart de ses successeurs, les audiences hebdomadaires du mardi étaient un véritable plaisir. Je ne sentais pas le temps passer. J'éprouvais un malin plaisir à le prendre en défaut en lui demandant ce qu'il pensait des obscurs télégrammes diplomatiques dont j'étais certaine qu'il n'avait pas pris connaissance.

Lady Hussey : C'était un vrai homme d'État comme on n'en fait plus.

La Reine : C'est en tout cas le seul pour qui j'ai enfreint la sacro-sainte règle de ne pas me mêler de politique. Lorsqu'il a décidé de prendre sa retraite, je lui ai envoyé une lettre manuscrite dans laquelle je lui disais que nul autre Premier ministre ne pourrait prendre sa place, que je lui étais éternellement reconnaissante. Son successeur [Anthony Eden] était, paraît-il, furieux.

Lady Hussey : Il méritait cette petite entorse au droit constitutionnel.

La Reine : Winston était d'une grande modestie. Quand finalement il m'a annoncé sa démission, je lui ai offert un duché, mais il a refusé. Il était descendant d'un duc et n'avait pas besoin de cette récompense pour exister socialement.

Lady Hussey : Les funérailles nationales ont été grandioses.

La Reine : Pour son oraison funèbre, en signe de reconnaissance, j'ai pris place dans la cathédrale Saint-Paul avant la famille et l'arrivée du cercueil depuis la gare de

Waterloo. Au mépris du protocole. Ce fut la première et la dernière fois.

Le Kenya a gagné son indépendance en 1963. Le prince Philip représentait son épouse lors des commémorations. Devenue une république, l'ex-colonie de la Couronne fait partie du Commonwealth. La Reine est retournée une seule fois au Kenya, en visite officielle en 1983. Mais, dans le cadre du jubilé de 2002 célébrant les cinquante ans de règne de Sa Majesté, une torche géante avait été allumée en haut du mont Kenya, tout près de Treetops.

27

Le premier mariage gay dans la famille royale

(septembre 2018)

PARTICIPANTS : La Reine, Lord Ivar Mountbatten, son cousin au troisième degré et fils d'un cousin germain du prince Philip.

LIEU : Buckingham Palace.

Le 24 septembre 2018, le premier mariage gay au sein de la famille royale est célébré dans la chapelle privée du domaine de Bridwell, dans le Devon (ouest de l'Angleterre)[1]*. Lord Ivar Mountbatten, cousin au troisième degré de la Reine et fils d'un cousin germain du prince Philip, a épousé James Coyle, steward de profession. Les deux époux se sont rencontrés lors de vacances dans la station de ski de Verbier, en Suisse. Ivar est un descendant de Lord Mountbatten, héros de guerre et dernier vice-roi des Indes, qui avait eu lui-même de nombreux amants. En 1944, le FBI s'était ainsi inquiété de l'orientation sexuelle de l'oncle de Philip, pourtant marié à une fille de baron. Le dossier affirmait : « C'est un homosexuel caché avec des goûts pervers pour les jeunes garçons*[2]*. »*

Lady Penny Mountbatten, ex-épouse du grand aristocrate, et ses trois filles accompagnent Lord Ivar à l'autel. Le soutien de la Reine et de plusieurs de ses enfants au couple gay souligne l'ouverture d'esprit de l'institution royale envers l'homosexualité. Au mépris de la morale bourgeoise puritaine, l'homosexualité a toujours été tolérée au sein de l'aristocratie dont la souveraine est issue. À condition que les apparences d'un mariage hétérosexuel et qu'une forme de descendance soient sauves. De Guillaume d'Orange à Edward II, de la reine Anne au prince George, duc de Kent et oncle d'Elizabeth II... nombreux furent les membres gays de la lignée royale.

La Reine : Bonjour, Ivar. Toutes mes félicitations pour votre mariage. Je m'en réjouis. Nous sommes très proches de votre famille.

Lord Ivar Mountbatten : Je vous remercie, Votre Majesté, de la lettre de soutien que vous m'avez envoyée. J'ai également reçu les vœux de bonheur et un très beau cadeau du prince Edward et de Sophie.

La Reine : Le pauvre Edward. Jadis, son manque d'amitiés féminines et sa proximité avec un artiste avaient entraîné de ridicules spéculations... Vous savez, Ivar, j'ai toujours été gay-friendly. J'ai passé toute ma vie entourée de valets et de majordomes dont beaucoup étaient homosexuels. Ma mère fréquentait des artistes gays. Et ma sœur s'est battue contre la stigmatisation des malades atteints du sida[3].

Lord Ivar Mountbatten : Des membres de votre famille ont également œuvré à la lutte contre l'homophobie. William a dénoncé le harcèlement envers les LGBT et a dit qu'il accepterait que l'un de ses enfants soit homosexuel.

La Reine : Mon petit-fils est très ouvert d'esprit.

Lord Ivar Mountbatten : Vous aussi, Ma'am.

La Reine : Merci, Ivar, bien que ma génération soit plus pudique, moins indulgente. Au début de mon règne, les homosexuels étaient victimes de discriminations en raison de la loi qui interdisait les relations entre personnes du même sexe. Savez-vous que la Cour avait refusé à mon futur beau-frère, Tony Armstrong Jones, de prendre pour témoin, lors de son mariage [en 1960] avec ma sœur, son meilleur ami parce qu'il était gay[4] ?

Lord Ivar Mountbatten : Les temps ont heureusement changé.

La Reine : Encore toutes mes félicitations. Transmettez nos amitiés à James.

Lord Ivar Mountbatten : Votre message ne manquera pas de lui faire plaisir. Je m'efforce de lui enseigner les coutumes de l'aristocratie. Il apprend vite.

La Reine : Saisir les codes n'est pas facile.

Lord Ivar Mountbatten : Je ne vous le fais pas dire. Le pauvre vient d'une famille modeste de Glasgow. Il s'est retrouvé du jour au lendemain propulsé dans la plus haute gentry qui soit. Il a dû apprendre, par exemple, à éplucher une poire avec un couteau et une fourchette.

La Reine : Comment va votre merveilleux domaine du Devon ?

Lord Ivar Mountbatten : Il nous faut nous retrousser les manches pour entretenir notre noble demeure, ce qui ne va pas forcément de soi. Je lave moi-même les carreaux[5].

La Reine : C'est la vie, je suppose ! Au revoir, Ivar.

Lord Ivar Mountbatten : Au revoir, Ma'am. Je vous remercie pour toutes les attentions que vous avez eues pour moi.

28

Le fils d'Anne au service de la Chine

(juillet 2020)

PARTICIPANTS : La Reine, la princesse Anne.

LIEU : Le château de Windsor.

Elizabeth II a toujours eu une relation facile avec sa seule fille, la princesse Anne, malgré le caractère tranchant de cette dernière. « Embrasser les bébés, ce n'est pas mon genre », a-t-elle dit un jour en ironisant sur son ancienne belle-sœur, Diana. Mais cela ne l'empêche pas de mener une action philanthropique qui fait l'admiration générale. Comme Elizabeth II, elle a le devoir chevillé au corps et des opinions volontiers conservatrices. Toutes deux partagent l'amour des chevaux. Célèbre pour son franc-parler, la princesse royale est aujourd'hui l'un des membres les plus populaires de la famille Windsor.

Elle est remariée depuis 1992 au commandant Timothy Lawrence, fringant officier de la Royal Navy, cinq ans plus jeune qu'elle. Elle avait épousé en premières noces le capitaine Mark Phillips dont elle a eu deux enfants, Peter et Zara, des sportifs accomplis. Le premier est un ancien joueur professionnel de rugby et la seconde fut championne d'équitation. Travaillant dans l'événementiel, Peter Phillips est l'un des petits-enfants préférés de la souveraine.

Reste que les liens de Peter Phillips avec des hommes d'affaires chinois inquiètent le gouvernement britannique alors que les relations bilatérales sont au plus bas en raison de la répression à Hong Kong et de la persécution des Ouïghours.

La Reine : Bonjour, Anne. Comment va Timothy ?

Anne : Mon époux est très occupé, entre l'immobilier, la régénération urbaine et ses activités caritatives.

La Reine : Zara va bien ?

Anne : Avec ses deux enfants, elle ne chôme pas, sans parler de sa carrière sportive.

La Reine : Je me souviens de son émouvante médaille d'or aux JO de Londres et de son merveilleux cheval, High Kingdom. Je ne monte plus beaucoup ces jours-ci en raison de mes problèmes de dos[1] mais je continue à lire tous les matins le *Racing Times* [quotidien hippique britannique]. Et du côté de Peter, tout va bien ?

Anne : Il se remet de son divorce. Des mois de négociations épuisantes pour une séparation à l'amiable, c'est ridicule. Surtout quand on sait qu'ils se partagent la garde de leurs deux filles et que ça se passe plutôt bien.

La Reine : J'appréciais beaucoup son ex-femme qui, si je ne m'abuse, est canadienne. Je parlais souvent avec elle de ce pays qui me tient à cœur[2].

Anne : Peter n'est pas le premier divorcé de notre famille…

La Reine : Certes. Mais il n'y a pas que son divorce et je t'ai fait venir pour te parler d'un autre problème. Tu es au courant que Peter s'est acoquiné avec un lobbyiste chinois, éminence grise du Parti communiste, chargé de cultiver des liens avec les élites britanniques[3].

Anne : Je ne vois pas le problème. Peter n'exerce aucune fonction de représentation officielle au Royaume-Uni.

La Reine : Écoute : nos services m'ont avertie que Peter a tourné deux spots publicitaires vantant les bienfaits du lait produit par une ferme dont la mairie de Shanghai est propriétaire.

Anne : Mamy, il faut bien que Peter gagne sa vie.

La Reine : Pas en spéculant sur la famille. La Chine présente ton fils comme l'un des architectes du renforcement des relations, je cite de mémoire, « entre la Chine et les Anglais ». Notre presse est à l'affût du moindre soupçon de trafic d'influence touchant notre famille.

Anne : Peter est très loin dans l'ordre de succession. Si j'ai bonne mémoire, il est à la dix-huitième place, non ?

La Reine : Ça ne change rien, Anne. Il doit couper ses liens d'affaires avec la Chine.

Anne : Mamy, comme vous, je ne me mêle jamais de la vie de mes enfants.

La Reine : Je suis désolée mais c'est un ordre de la Reine.

Anne : Peter est inoffensif. C'est un brave garçon qui se cherche toujours sur le plan professionnel.

La Reine : Vous avez suffisamment de relations pour lui trouver un travail sans histoire.

Anne : C'est pas facile à quarante-deux ans ! Et il a besoin d'argent.

La Reine : Comme tout le monde…

Anne : Je vais parler à Peter. De nos jours, les dirigeants chinois ne sont pas des gens fréquentables. Il le comprendra.

La Reine : N'oublie pas de l'embrasser de ma part. Je l'adore. Une tasse de Lapsang Souchong, ma chère fille ?

29

Poutine a infiltré les Windsor

(avril 2021)

PARTICIPANTS : La Reine, Edward Young, son secrétaire particulier.

LIEU : Le château de Windsor.

Dans son édition datée du 16 mai 2021, le Sunday Times *révèle le rôle d'intermédiaire du prince Michael de Kent, cousin au premier degré de la Reine, prêt à monnayer son influence pour faciliter l'accès d'investisseurs à l'entourage de Vladimir Poutine*[1]*. Or la Russie fait l'objet de sanctions économiques depuis l'occupation de la Crimée en 2014. Le contentieux bilatéral est aggravé par l'attaque au poison chimique Novitchok visant le transfuge Sergueï Skripal, à Salisbury, et les mystérieux assassinats d'opposants russes à Londres.*

Selon son associé en affaires, le marquis de Reading, le prince a l'oreille du président russe qu'il peut appeler directement. À la demande du Kremlin, le prince a fréquemment animé des séminaires et des dîners lucratifs pour mettre en relation les milieux politiques et affairistes russes et les décideurs londoniens. Le président Poutine lui a décerné l'ordre de l'Amitié, la plus haute distinction russe attribuée à un étranger, en reconnaissance de ses efforts en vue de renforcer la coopération anglo-russe.

En se faisant piéger par des journalistes sous couverture, Michael de Kent alimente le débat sur les pratiques douteuses de certains membres de la famille royale qui ternissent l'image des Windsor.

La Reine : Edward, que fait mon cousin dans cette sombre histoire ? La manchette du *Sunday Times* intitulée « Un prince à louer » est très dommageable.

Edward Young : Renseignements pris auprès du MI6 [service de renseignement extérieur], c'est un facilitateur hautement rémunéré par le Kremlin. Son associé, le marquis de Reading, l'a présenté à des clients comme votre ambassadeur non officiel en Russie.

La Reine : C'est navrant. Comment éviter que ce nouveau scandale de trafic d'influence n'éclabousse la famille royale ?

Edward Young : J'ai fait passer l'information qu'il s'agissait d'une affaire d'ordre privé. Le prince Michael est chargé de fonctions de représentation mineures.

La Reine : Votre explication a-t-elle permis d'étouffer l'affaire ?

Edward Young : Il s'est défendu en disant qu'il n'avait pas eu de contacts directs avec Poutine depuis près de vingt ans, ce qui est invérifiable. Reste que vendre son image de membre de la famille royale n'est pas illégal, mais ça manque cruellement d'élégance. La presse ne le lâchera pas.

La Reine : Je vois. Michael n'est toutefois pas le premier à monnayer son appartenance à la famille, au mépris des inévitables conflits d'intérêts entre le statut royal et les activités commerciales.

Edward Young : Mais il y a également un aspect politique : être au mieux avec Poutine, c'est en ce moment très dommageable. Les relations entre le Royaume-Uni et la Russie sont au plus bas.

La Reine : Le problème, Edward, est que mon cousin est sans le sou. Je l'entretiens. Sa femme, Marie-Christine, est une grande dépensière qui a la folie des grandeurs[2].

Edward Young : C'est ce que j'ai entendu dire.

La Reine : Je me méfie d'elle depuis que l'impudente a eu le culot de déclarer à la télévision américaine que j'étais jalouse d'elle, car elle était très grande et moi toute petite. Elle est un peu trop extravagante et m'as-tu-vu pour notre famille.

Edward Young : Visiblement, le tact n'est pas son point fort.

La Reine : J'ai toujours eu un faible pour Michael. C'est un bon gars, pas très futé mais exquis et tellement gentil.

Edward Young : C'est l'impression qu'il m'a donnée.

La Reine : Je vais parler à Michael pour qu'il cesse tout contact avec les Russes. Il suivra mes instructions. Je règle ses émoluments de ma poche. Son appartement très spacieux de Kensington Palace, pour lequel il paie un loyer ridiculement modique, m'appartient à titre privé.

Edward Young : Votre visite officielle en Russie, en 1994, avait été difficile, non ? On m'a dit que le climat joyeux de la soirée avait amené le président russe à faire des concessions sur l'élargissement de l'OTAN...

La Reine : La diplomatie du millésime, Edward.

Edward Young : Ça s'était plutôt mal passé avec son successeur, Vladimir Poutine, lors de sa visite officielle à Londres ?

La Reine : Très mal. Au cours du café suivant le banquet à Buckingham Palace, je lui avais présenté David Blunkett [ministre de l'Intérieur, aveugle]. Son chien s'était mis à aboyer. Blunkett s'était confondu en excuses. Poutine n'avait pas apprécié. Par la suite, j'avais dit à Blunkett que l'instinct des chiens est intéressant. Il n'est d'ailleurs pas le pire des tyrans que j'ai rencontrés au cours de mon règne. Entre Assad, Ceaușescu, Mobutu... la liste est longue.

Edward Young : Mettre de l'huile dans les rouages diplomatiques n'est pas une sinécure.

La Reine : Ce n'est pas plus difficile que la plupart de ce que nous sommes capables d'accomplir sur cette terre mais cela demande un peu de doigté.

Lorsque, en février 2022, le président russe Vladimir Poutine envoie sa puissante armée envahir son voisin l'Ukraine dans le but de faire tomber son président Volodymyr Zelensky, démocratiquement élu en 2019, les Windsor affichent ouvertement leurs penchants pro-ukrainiens. La Reine, le prince Charles et le prince William n'hésitent pas à réduire en miettes la stricte neutralité de la Couronne dans les relations internationales.

« Nos valeurs démocratiques sont attaquées en Ukraine de manière inadmissible » : l'héritier du Trône joint le geste à la parole en visitant la cathédrale catholique ukrainienne de Londres pour supporter les volontaires chargés d'acheminer l'aide humanitaire au pays meurtri. Pour leur part, William et Kate soutiennent publiquement le président Zelensky et son peuple « qui se battent avec bravoure pour préserver l'avenir de l'Ukraine ». Enfin, la Reine fait un don qualifié de « généreux » par le Palais au comité d'urgence de l'assistance aux civils ukrainiens, réfugiés ou sur place.

30

William « tue » Tom Bradby
(avril 2021)

PARTICIPANTS : William, Kate.

LIEU : Kensington Palace.

William coupe tous les ponts avec Tom Bradby, le présentateur star du JT de la chaîne commerciale ITV, qui était pourtant un ami et confident de longue date. Son crime de lèse-majesté : être passé dans le camp de Harry et de Meghan. William ne pardonne aucun manque de loyauté à son entourage[1].

William : Je ne veux plus rien avoir à faire avec ce traître de Tom.

Kate : Calme-toi. Hier, c'était l'un de tes meilleurs copains au point de l'inviter à notre mariage. Aujourd'hui, tu le vomis. Faire ami-ami avec un journaliste est toujours risqué.

William : Je lui avais même donné mon numéro de

portable. Je lui faisais totalement confiance. Quelle erreur ! Il a été subjugué par Harry et Meghan et a pris fait et cause pour eux. Avec de tels amis, on n'a pas besoin d'ennemis.

Kate : Tom a souffert de dépression. Harry et lui ont ce point en commun.

William : Et alors ? Il aurait dû rester impartial au lieu de faire de la propagande pour Harry. Et maintenant il tire à boulets rouges sur la famille royale.

Kate : Mon chéri, tu perds ton temps à te plaindre de la trahison de Tom. Tu es un futur roi. Ton destin est tout tracé. Tom ne compte pas.

William : C'est en période de crise qu'on reconnaît ses vrais amis. Il a raté le test.

Kate : Tu exagères, j'aime bien la manière dont il présente le JT d'ITV, plus relax et moins coincé que celui de la BBC.

William : Quant à mon frère et sa femme, ils sont pathétiques. Cela dit, ils ont touché du doigt un problème réel. Aux yeux des jeunes, surtout ceux issus de l'immigration, le départ de Meghan signifie que la royauté est institutionnellement raciste.

Kate : En soi, Meghan aurait pu être un don du ciel. Elle aurait pu rallier à notre cause la société multiculturelle.

Dommage que la greffe n'ait pas pris. Elle n'a pas mesuré les difficultés d'intégration à la famille royale que rencontrent les outsiders.

William : Comme on dit dans la Navy, on ne fait pas virer de bord un porte-avions comme un canot. Moderniser la monarchie prend du temps…

31

Jason Knauf, un héros et un traître à la cour d'Angleterre

(novembre 2021)

PARTICIPANTS : Kate, Jason Knauf, directeur de la Cambridge Foundation.

LIEU : Kensington Palace.

À l'automne 2018, le Mail on Sunday *publie le contenu d'une lettre envoyée en août par la duchesse du Sussex à son père, Thomas Markle. Dans cette missive, elle lui demande d'arrêter de parler aux médias, autant de déclarations qui lui font beaucoup de peine. À la suite du scoop de l'hebdomadaire dominical, Meghan saisit la justice britannique, estimant que le tabloïd avait violé son droit d'auteur [copyright] en raison de la nature privée de la lettre. En février 2021, la Haute Cour de Londres donne raison à l'épouse de Harry et condamne le journal à lui verser des dommages et intérêts substantiels. En décembre 2021, le tribunal rejette l'appel du « MoS » [*Mail on Sunday*] en affirmant que la duchesse « pouvait raisonnablement s'attendre au respect de la vie privée ».*

Aux yeux de Meghan, « c'est une victoire pour moi mais aussi pour quiconque a toujours eu peur de défendre ce qui est juste ».

Le triomphe de Meghan est toutefois entaché par le témoignage de Jason Knauf. Déjà à l'origine des accusations visant la tyrannie de son ex-patronne envers son staff, l'ancien favori de la duchesse du Sussex est devenu son pourfendeur le plus acharné[1]*. Il a notamment révélé que cette dernière lui avait dit que la lettre à Thomas Markle n'était nullement privée dans la mesure où son contenu allait inévitablement fuiter dans les médias. Par ailleurs, contrairement aux allégations de Harry et de sa femme, ils ont bel et bien collaboré au livre* Libres *d'Omid Scobie et de Carolyn Durand sur les raisons de leur exil aux États-Unis. Knauf déclare avoir rencontré les deux auteurs à la demande du duc et de la duchesse et les avoir longuement informés afin qu'ils écrivent un ouvrage à la gloire du couple princier.*

Kate : Bonjour, Jason. Pourquoi avez-vous décidé au bout du compte de témoigner contre Meghan au procès ?

Jason Knauf : Meghan et Harry avaient été très chics en m'invitant à leur mariage. Dans un premier temps, je n'ai pas voulu trahir à nouveau leur confiance. Puis j'ai changé d'avis.

Kate : Il ne faut surtout pas avoir de remords. Meghan vous a pressé comme un citron. Vous avez dirigé sa communication avec une maestria et un zèle impressionnants vu le climat toxique qu'elle avait créé à Kensington Palace.

Jason Knauf : Je voulais mettre les points sur les i. Sa déclaration à Oprah Winfrey selon laquelle le Palais ne l'avait pas aidée avant et après le mariage était un tissu de mensonges.

Kate : Pourquoi a-t-elle décidé d'écrire cette lettre à son père pour lui demander de cesser de parler aux médias en sachant très bien que le pauvre avait besoin d'argent ?

Jason Knauf : Elle m'en a parlé à la suite de discussions désagréables entre le prince Charles et le prince Harry. Votre beau-père a demandé à son fils de faire pression sur Meghan pour que Thomas Markle arrête de s'exprimer à tort et à travers dans les médias. Elle se sentait coupable des égarements de son père.

Kate : Le prince de Galles avait totalement raison. Il s'agissait de protéger l'institution royale contre les divagations d'un homme malade et amer.

Jason Knauf : La duchesse m'a soumis le brouillon de la lettre qu'elle destinait à son père. J'ai dû réécrire le texte pour lui donner plus de chaleur.

Kate : C'est étrange car elle a eu recours à Fed-Ex au lieu des services postaux du Palais.

Jason Knauf : Elle est obsédée par les fuites et voit des ennemis à la solde de la presse britannique partout.

Kate : Puis il y a eu ce livre à la guimauve à propos duquel elle a menti.

Jason Knauf : Depuis le début de sa relation, Harry n'a cessé de me harceler sur le thème : il faut que Meghan soit présentée sous un jour positif, faute de quoi je risque de la perdre.

Kate : Mon beau-frère est totalement contrôlé par sa femme. S'il avait un peu de jugeote, il aurait ignoré les médias. Et elle, n'était-elle pas obsédée par l'idée de tout contrôler ?

Jason Knauf : Indéniablement. Surtout, elle lisait tout ce que la presse écrivait à son sujet et passait au crible les photos d'elle publiées dans les journaux. Elle était d'une trop grande susceptibilité au lieu d'ignorer les attaques des tabloïds. De la pure vanité…

Kate : Comme on dit familièrement : *You lie down with the dogs, you get up with flies* [« Vous vous allongez avec les chiens, vous vous levez avec des puces »].

Jason Knauf : Vous avez le sens de la formule. Je ne saurais mieux dire.

32

La BBC jette un pavé dans la mare
(décembre 2021)

PARTICIPANTS : William, Kate.

LIEU : Kensington Palace.

Diffusé en deux épisodes les 23 et 29 novembre 2021, le documentaire de la BBC The Princes and the Press *[Les Princes et les Médias], qui dévoile les coulisses de la guerre fratricide entre William et Harry, suscite rage et colère au sein de la famille royale. En décrivant Buckingham Palace comme un « nid de vipères », la chaîne publique a jeté un pavé dans la mare royale*[1]*. Le réquisitoire, diffusé sans complaisance ni langue de bois en prime time, met en exergue la lutte entre, d'une part, les trois centres du pouvoir régalien (la Reine, le prince Charles et le prince William) et, d'autre part, Harry et Meghan, afin de manipuler les chroniqueurs royaux spécialisés en vue d'obtenir le meilleur traitement médiatique.*

Le Palais publie un communiqué commun de la Reine, du prince Charles et du prince William affirmant : « C'est décevant que la BBC donne ainsi corps à des informations exagérées et non fondées provenant de sources anonymes. »

William : Le comportement de la BBC est honteux ! Elle n'a même pas eu la décence de nous communiquer les deux programmes avant diffusion pour nous laisser le temps de réagir.

Kate : Tu te mets comme d'habitude trop vite en colère. Le documentaire ne contenait aucun scoop embarrassant. Cette série interminable d'interviews de journalistes royaux, qui ont la grosse tête, n'a rien apporté de neuf[2].

William : En ce qui concerne les affaires royales, le bon vieil adage est plus que jamais à l'ordre du jour : « Ceux qui savent ne parlent pas et ceux qui parlent ne savent pas. »

Kate : Dans ce cas, pourquoi te fâcher ?

William : Parce que je ne veux pas me laisser faire. En ne nous montrant pas le film avant sa diffusion, ces voyous m'ont empêché de préparer un droit de réponse pour la fin du programme. Or, en substance, ils m'accusent d'avoir manipulé les chroniqueurs royaux en ordonnant à mes collaborateurs de les briefer contre Harry et Meghan après leur mariage. Tout ça par jalousie de leur popularité. C'est de la calomnie pure et simple.

Kate : William, je me souviens que leur soudaine popularité t'avait irrité au plus haut point. Ils nous avaient totalement occultés. Nous n'existions plus sur la scène médiatique. La presse n'avait d'yeux que pour leur couple.

William : Irrité ne veut pas dire envieux ou jaloux. Je leur reprochais surtout d'avoir délibérément éclipsé la tournée de mon père au Proche-Orient en diffusant au même moment le communiqué confirmant leur liaison[3]. C'était contraire aux us et coutumes de la famille royale et au respect de l'ordre de succession.

Kate : C'est du passé. Heureusement, on ne les a plus dans les pattes.

William : Pas si simple, Kate. On m'accuse d'avoir spéculé avec la presse, sur la santé mentale de Harry. Tu te rends compte !

Kate : Je ne comprends pas pourquoi Harry et Meghan n'ont pas joué le jeu de l'accord informel entre les journaux les plus respectables et le Palais. Donnant-donnant : des photos et des informations très contrôlées en échange d'une couverture favorable. Le tour est joué.

William : Meghan était habituée à la presse docile d'Hollywood, pas à nos redoutables paparazzis. Quant à Harry, il déteste les journalistes qu'il rend, à juste titre, responsables de la mort de notre mère.

Kate : Il faut faire avec. Vouloir exclure les journalistes

travaillant en pool du service religieux en la chapelle Saint-Georges s'est retourné contre eux. Les paparazzis se sont vengés.

William : Harry et Meghan étaient aveuglés par leur phobie des médias au point d'oublier que le contribuable réglait l'addition de leur sécurité et de la rénovation de leur cottage.

Kate : Tu as trouvé que la couverture de Meghan était raciste ? Je n'ai pas eu cette impression.

William : Je ne le pense pas. Ce qui était acceptable il y a quelques années ne l'est plus. Les temps ont changé.

Kate : Les dérapages racistes n'ont pas été très nombreux.

William : Harry et Meghan sont devenus des croisés de l'antiracisme et du féminisme. Ils ont par exemple obtenu de la BBC qu'elle remplace « Megxit » [expression calquée sur le Brexit et concernant les conditions de leur sortie de la famille royale], jugée misogyne, par « Sussexit »[4].

Kate : Tu rigoles ?

William : Pas du tout. Meghan a invoqué le fait que « Megxit » la rendait seule responsable du renoncement du couple à la vie royale. Ils sont partis de leur propre chef. Personne ne les a poussés vers la sortie.

Kate : J'écoute souvent Amol Rajan lors de la matinale

de Radio 4 [l'équivalent du 7/9 de France Inter]. Il a une belle voix, très sensuelle.

William : C'est un gauchiste enragé. Ils sont désormais de plus en plus nombreux comme lui à la BBC.

Kate : Il n'y était pas allé de main morte en m'accusant d'avoir une mauvaise haleine comme tout un chacun. J'ai préféré ignorer l'insulte.

William : Je veux frapper fort. Que penses-tu de mon idée de boycotter la BBC pendant un certain temps en donnant, par exemple, à ITV [la chaîne commerciale concurrente du service public] l'autorisation de retransmettre notre concert caritatif de Noël ?

Kate : Je ne suis pas très pour. Cela ne servira à rien.

William : Meghan n'hésite pas à envoyer son avocate Jenny Afia[5] dans les talk-shows. Je l'y ai vue démentir les accusations de harcèlement portées par le staff de Meghan. Elle est super efficace, je suis certain que ce jour-là elle a fait basculer le public en faveur des Sussex.

Kate : Pourquoi ne pas avoir fait pareil en autorisant nos avocats à réfuter les critiques devant la caméra ?

William : Le Palais a refusé.

Kate : Dans cette affaire, on pourra dire, comme Shakespeare : « beaucoup de bruit pour rien »…

IV

Profession : attendre

33

Un putsch aux conséquences terribles

(octobre 2017)

PARTICIPANTS : Le comte Peel, grand chamberlain de la cour d'Angleterre, et Sir Christopher Geidt, secrétaire particulier de la Reine.

LIEU : Buckingham Palace.

Le comte Peel, descendant de Robert Peel, Premier ministre de Victoria (1841-1846) et fondateur de Scotland Yard, est grand chamberlain depuis 2006. La fonction s'apparente à celle du président non exécutif d'une entreprise. Il doit organiser les banquets royaux, présenter les invités à la Reine lors des garden-parties royales et la représenter à la Chambre des pairs. Il a également la charge de l'organisation des funérailles du souverain, God Forbid !

Au Palais, le vrai pouvoir est détenu par le secrétaire particulier, qui assure les fonctions de directeur de cabinet et de principal conseiller : Sir Christopher Geidt[1].

Le secrétaire particulier a l'accès le plus direct à la cheffe de l'État. Son champ d'intervention est très large. Il est l'intermédiaire entre le monarque et son Premier ministre à propos des « domaines réservés » de Sa Majesté : le Commonwealth, les relations avec les autres familles royales, les territoires d'outre-mer, les visites à l'étranger, les organisations caritatives ou les régiments qu'elle parraine. Il tient l'agenda des rendez-vous de la souveraine. Le secrétaire particulier sert également de tampon entre le Palais et la police, les forces armées et l'Église d'Angleterre. Enfin, son département a la responsabilité du service de presse, des voyages, des archives et de la rédaction des discours avec l'aide des ministères concernés.

Comme bon nombre de ses prédécesseurs, Sir Christopher Geidt est un ancien diplomate. Il occupe sa fonction depuis 2007.

Le comte Peel : Bonjour, Christopher.

Christopher Geidt : Bonjour, Andrew.

Le comte Peel : Ce matin, la météo était vraiment épouvantable.

Christopher Geidt : En traversant la cour d'entrée, j'ai été trempé malgré mon large parapluie, format Ascot.

Le comte Peel : Et pour couronner le tout, je n'ai pas réussi à compléter la grille des mots croisés du *Times* lors du petit déjeuner. Les courtes définitions étaient trop compliquées.

Christopher Geidt : C'est la raison pour laquelle je préfère le quiz du *Times*.

Le comte Peel : Je ne saurais dire depuis quand tu travailles au Palais ?

Christopher Geidt : Quinze ans au total. Pourquoi ?

Le comte Peel : Dont dix ans dans ta fonction actuelle, si je ne m'abuse, soit un an après mon arrivée ?

Christopher Geidt : Où veux-tu en venir ?

Le comte Peel : Christopher, la Reine m'a confié une tâche délicate.

Christopher Geidt : À propos des célébrations du jubilé de platine en 2022 ?

Le comte Peel : Non, ma mission te concerne plus directement.

Christopher Geidt : C'est-à-dire ?

Le comte Peel : Sa Majesté m'a demandé de t'informer qu'elle a décidé de changer de secrétaire particulier.

Christopher Geidt : …

Le comte Peel : Je suis vraiment désolé, Christopher. À l'instar de la majorité de tes prédécesseurs, tu as fait dix ans à ce poste exténuant. Il est temps de laisser la place. Et la Chambre des lords t'attend.

Christopher Geidt : La Reine ne m'a rien laissé entendre hier matin lors de notre entrevue en tête à tête.

Le comte Peel : Tu le sais mieux que moi. Sa Majesté déteste se défaire de collaborateurs de longue date. Comme moi, elle apprécie ta solidité, ta franchise respectueuse et ton humour. Elle a totalement confiance en toi.

Christopher Geidt : La limite de la décennie est une bien piètre excuse. Certains de mes prédécesseurs ont vu leur mandat prolongé. Elle m'avait confié non seulement la préparation du jubilé mais aussi la mise à jour de l'organisation de ses funérailles.

Le comte Peel : Et c'est là que le bât blesse.

Christopher Geidt : Pardon ? Je ne vois pas où est le problème.

Le comte Peel : En tant que régent, le prince de Galles entend contrôler ces deux chantiers. Pour se débarrasser de toi, il s'est même allié avec le prince Andrew qu'il exècre et à propos duquel il dit pis que pendre[2].

Christopher Geidt : Alors, c'est bien fini pour moi ! Andrew me déteste depuis que je lui ai retiré son titre de représentant du commerce extérieur britannique à la suite d'une série de scandales. Je lui ai interdit de réquisitionner des hélicoptères de la RAF pour ses voyages privés. Pire : j'ai coupé dans ses notes de frais faramineuses.

Le comte Peel : Tu le connais, il est totalement imbu de ses privilèges et de son statut.

Christopher Geidt : Il devrait pourtant m'être reconnaissant. Je n'ai jamais touché mot à la Reine des rumeurs de pédophilie qui le concernaient, de ses parties fines à New York, dans les Antilles et à Londres. Pourtant, j'ai lu un rapport du MI6 [service de renseignement extérieur] à ce sujet, accablant pour Andrew.

Le comte Peel : Tu as bien fait. Andrew est le fils préféré de Sa Majesté.

Christopher Geidt : Comment expliques-tu cette hostilité du prince de Galles à mon encontre ? Nous avons toujours entretenu de bonnes relations.

Le comte Peel : Je pense qu'il te considère comme un obstacle à son pouvoir de régent. Tu t'es opposé à la fusion des différents services de presse sous la seule égide d'une nouvelle directrice de la communication à ses ordres.

Christopher Geidt : Le service de presse a toujours dépendu de mon département.

Le comte Peel : L'un de ses conseillers m'a dit qu'il avait été furieux de ne pas avoir été consulté à propos de l'annonce que tu as faite devant l'ensemble du personnel et concernant le retrait officiel du duc d'Édimbourg de la vie publique en insistant sur la nécessité d'aider la Reine.

Christopher Geidt : C'était dans mes prérogatives, que je sache.

Le comte Peel : Il paraît qu'il a trouvé cela présomptueux de ta part. Il estime que tu as porté atteinte à son autorité. Il entend imprimer son sceau sur les rouages de la Cour en forgeant les fidélités et en éliminant les dissidences. Sa purge peut être considérée comme un classique du genre.

Christopher Geidt : La Reine a-t-elle tenté de me défendre ?

Le comte Peel : J'en doute. Elle n'a pas voulu mettre en péril sa récente réconciliation avec Charles. À quatre-vingt-onze ans, elle n'a pas souhaité se battre contre son héritier pour sauver ta tête.

Christopher Geidt : Je n'avais vraiment personne de mon côté ?

Le comte Peel : D'après ce que je sais, la princesse royale [Anne] et le comte de Wessex [Edward] sont intervenus en ta faveur auprès de leur mère. Ils ont un lourd contentieux avec leur frère aîné mais ils n'ont pas suffisamment de poids pour l'arrêter.

Christopher Geidt : L'alliance entre le prince Charles et le prince Andrew me stupéfie. Ils se haïssent.

Le comte Peel : Il s'agit d'un pacte opportuniste qui ne va pas tenir longtemps.

Christopher Geidt : Si tu veux mon avis, le prince Charles va rapidement se débarrasser du prince Andrew, fragilisé par la série de scandales dans lesquels il est impliqué.

Le comte Peel : Bonne chance, Christopher.

Christopher Geidt : Je te remercie. On déjeune bientôt à la Chambre des lords[3] ?

Le comte Peel : Avec le plus grand plaisir. Le *claret* de la maison est d'un bon rapport qualité-prix.

Christopher Geidt : Au moins, quitter le Palais va me permettre de perdre du poids. La nourriture servie au restaurant de BP [Buckingham Palace] est trop riche[4]. Mais la table commune me manquera.

Le comte Peel : Parlons de ton successeur. La tradition veut que le numéro deux remplace le titulaire du poste. En l'occurrence, Edward Young. Que penses-tu de ton bras droit ?

Christopher Geidt : Je regrette de devoir le dire mais Edward est un numéro deux dans l'âme qui manque de vision d'ensemble, est obnubilé par les détails et n'a aucun sens des rapports humains. C'est un technicien, pas un stratège[5].

Le comte Peel : Si je ne me trompe pas, il vient des relations publiques ?

Christopher Geidt : D'abord la banque puis la télévision. C'est un poids plume.

Le comte Peel : La Reine et le prince de Galles l'apprécient.

Christopher Geidt : À mon avis, il n'a pas la poigne et la personnalité nécessaires pour ce job. Mais ce n'est plus mon affaire.

Le comte Peel : Sois patient. Je suis certain que ta traversée du désert ne va pas durer longtemps et que la Reine fera à nouveau appel à toi.

C'est chose faite en mars 2019 lorsque le monarque nomme Lord Geidt au poste clé de « Lord in Waiting » afin de barrer la route aux ambitions de son fils aîné[6]*. Par ailleurs, il est chargé d'assister Meghan, fraîchement arrivée dans le clan Windsor et désignée vice-présidente du Commonwealth Trust, l'organisation des futurs leaders de la grande famille d'outre-mer. Mais la mission de Geidt est un échec retentissant qui se solde par le départ aux États-Unis du duc et de la duchesse du Sussex. De l'avis général, la responsabilité en incombe à Sir Edward Young.*

Geidt rebondit toutefois rapidement en devenant conseiller du Premier ministre, Boris Johnson, pour les questions d'éthique gouvernementale. Un poste où il a fort à faire[7]*.*

34

Rien ne va plus entre Charles et William

(juillet 2017)

PARTICIPANTS : Charles et William.

LIEU : Clarence House.

Rien ne va plus entre Charles et William. Ce dernier refuse de rendre hommage au prince de Galles dans un documentaire consacré au vingtième anniversaire de la mort de la princesse Diana. Il en sera de même lors du soixante-dixième anniversaire de l'héritier du Trône, le 14 novembre 2018. Harry est alors le favori de son père[1].

Par la suite, William va se rapprocher de son géniteur. Le fils aîné épaule désormais Charles dans sa fonction de régent tout en apprenant les ficelles de son futur rôle de prince de Galles – à commencer par la gestion du duché de Cornouailles, le pécule très lucratif dont bénéficie le dauphin en son nom propre et dont William héritera lorsque son père accédera au Trône – et de futur roi.

Charles : William, je ne comprends pas pourquoi tu as refusé de saluer la manière dont je vous ai élevés dans le documentaire de la BBC consacré à la disparition de Diana ?

William : Je refuse de mentir. Tu n'as pas été un bon père. Tu as été totalement absent de notre existence après la mort de Mamy.

Charles : Harry a fait une apparition, vantant mes qualités de père.

William : Pour ma part, j'en étais incapable.

Charles : Tu aurais pu éviter de déclarer à la cantonade que tes enfants ne voyaient pas suffisamment leur grand-père.

William : C'est indéniable que Michael et Carole [Middleton, les parents de Kate] voient plus souvent leurs petits-enfants que toi.

Charles : Pourquoi as-tu déclaré que tu considérais Michael Middleton comme ton père[2] ? C'était très blessant.

William : J'ai reconnu mon père dans une autre figure.

Charles : Cela me fait très mal.

William : On était des étrangers. Tu étais totalement autocentré. La case paternelle a toujours été manquante.

Charles : J'étais plus proche de vous que je ne l'avais été de mon propre père, froid, distant, cassant.

William : Un bon père n'aurait pas utilisé la photo de son petit-fils [George] bébé pour parrainer une manifestation écolo sans demander l'autorisation préalable à ses parents.

Charles : Tu es le vrai fils de ta mère, un écorché vif, un impulsif.

William : Je suis comme ça. Après sa disparition, tu t'es présenté comme un père sage, affectueux et investi auprès de ses enfants pour te réhabiliter aux yeux du public. Mais ton véritable objectif était de faire accepter Camilla par notre famille et par nos sujets.

Charles : J'ai obtenu des journaux qu'ils vous laissent en paix jusqu'à la fin de vos études pour vous permettre de mener une vie normale.

William : Papa, ne me prends pas pour un imbécile. Tu cherchais avant tout à faire accepter Camilla dans les médias. À cet effet, les journaux en ont fait des tonnes à propos de ma rencontre fortuite avec Camilla [le 12 juin 1998 au palais de St James] pour démontrer mon soutien à un éventuel remariage[3].

Charles : Si je me souviens bien, le courant était passé entre vous.

William. C'est vrai. Je l'avais trouvée sympathique. Mais j'ai dû faire un gros effort pour ne pas laisser paraître que j'avais eu la sensation d'avoir été manipulé.

Charles : Je n'ai peut-être pas pris la mesure des difficultés causées par la présence de Camilla dans ma vie. D'un côté, son existence rendait ta mère malheureuse ; de l'autre, tu t'es rendu compte qu'elle me rendait heureuse.

William : Camilla ne remplissait pas les cases dévolues à une mère.

Charles : Cela dit, elle a eu l'intelligence de ne pas chercher à prendre cette place.

William : Je n'aimais pas l'influence de Mark Bolland [l'omnipotent et machiavélique directeur de la communication de la maison princière entre 1997 et 2002] sur Camilla. Il était une sorte de Raspoutine[4].

Charles : À l'époque, Camilla était isolée, désemparée. Bolland la rassurait.

William : Après son limogeage, il s'est vengé en affirmant que tu étais faible et influençable.

Charles : C'est le passé. Le temps guérit heureusement toutes les blessures. Parlons plutôt de l'avenir. Vu l'âge avancé de Granny, nous sommes dorénavant les deux visages de la monarchie.

Rien ne va plus entre Charles et William

William : Nous sommes d'accord sur l'essentiel : mettre la défense de l'environnement et de la diversité au cœur de la mission royale. Cette communauté de vues est cruciale pour l'avenir de la monarchie.

Charles : Il y a tant à faire sur ce terrain-là, nous aurons chacun du pain sur la planche sans nous marcher sur les pieds.

William : Il faut trouver un rôle pour Harry qui se sent marginalisé.

Charles : C'est d'autant plus difficile à vivre que vous avez été élevés comme des égaux.

William : On a toujours joué en duo. Nous sommes inséparables.

35

La mainmise d'un serviteur sur son maître

(novembre 2021)

PARTICIPANTS : Le prince Charles, Michael Fawcett, directeur général de la Prince's Foundation.

LIEU : Highgrove, la résidence de campagne du prince Charles.

Michael Fawcett, l'homme-lige du prince, démissionne le 15 novembre 2021 de la direction de la Prince's Foundation, l'organisme qui chapeaute les associations caritatives du prince Charles. Il est accusé d'avoir garanti l'obtention d'un ordre nobiliaire et d'un passeport britannique à un milliardaire saoudien en échange d'une donation aux œuvres philanthropiques de l'héritier du Trône.

« Michael m'est indispensable. Je ne peux rien faire sans lui », avait déclaré jadis le dauphin à propos de son ancien valet devenu la figure de proue de la maison princière. Le microcosme avait toujours regardé de travers ce courtisan autodidacte issu de la classe ouvrière écossaise et entré très jeune au service du prince. Le 16 février 2022, la police

a ouvert une enquête concernant les accusations de trafic d'influence visant Fawcett.

Fawcett avait défrayé la chronique lorsque la presse avait révélé qu'il étalait exactement deux centimètres de dentifrice sur la brosse à dents de son employeur, avant de lui faire couler un bain d'eau tiède puis de l'aider à s'habiller. Plusieurs costumes étaient préparés, puisque le prince peut en changer jusqu'à huit fois par jour, et ses lacets étaient repassés avant qu'il ne se chausse. Il assurait que ses cuisiniers lui présentaient sept œufs à la coque bio, inévitablement cuits trois minutes, pour lui réserver la possibilité du choix[1]*.*

La princesse Diana faisait une fixation sur Fawcett qu'elle considérait comme son ennemi juré en raison de sa proximité avec Charles. À l'opposé, Camilla avait fait de lui un allié lors de la bataille contre la princesse de Galles.

Aux yeux de l'entourage de Charles, l'ex-serviteur était trop poli pour être honnête. La garde rapprochée de l'héritier du Trône avait comparé ce mauvais génie à Barrett, le valet interprété par Dirk Bogarde dans le film The Servant *qui raconte la lente et impitoyable prise de pouvoir d'un serviteur sur son employeur, en l'occurrence un jeune et riche aristocrate, dans un huis clos étouffant.*

Le prince Charles : Michael, vous avez très mauvaise mine. Vous flottez dans vos vêtements. Vous n'êtes plus que l'ombre de vous-même. Il faut reprendre votre vie en main, mon ami.

Michael Fawcett : Votre Altesse royale, j'ai perdu une vingtaine de kilos depuis le déclenchement du scandale.

Charles : Cette affaire est très fâcheuse.

Michael Fawcett : Je viens vous annoncer ma démission.

Charles : Michael, quel gâchis, mais c'était la seule solution possible.

Michael Fawcett : Ma situation était intenable. J'ai commis une grave erreur en oubliant qu'en cette période de vertu morale les arrangements financiers, même pour la bonne cause, doivent être irréprochables.

Charles : Michael, ce scandale m'inquiète au plus haut point.

Michael Fawcett : Dans le secteur philanthropique, les conflits d'intérêts sont inévitables. Vos organisations caritatives sont financées par les grandes fortunes. Et on n'attire pas les mouches avec du vinaigre.

Charles : Certes, mais je ne peux pas me permettre le moindre pas de travers en ce moment.

Michael Fawcett : Vous avez raison.

Charles : Comme vous le savez, Michael, je suis très exposé. Je suis pris entre le marteau et l'enclume. D'un côté, malgré son grand âge, ma mère refuse d'abdiquer et je ne rajeunis pas. De l'autre, la presse joue ostensiblement la carte de la nouvelle génération en portant aux nues William et Kate.

Michael Fawcett : Votre position est très inconfortable.

Charles : C'est un euphémisme. Le duché de Cornouailles doit supporter à la fois notre train de vie et celui de William et de sa famille. Sans parler de Harry et de Meghan que je continue d'entretenir. On me plume de tous les côtés.

Michael Fawcett : J'ai toujours admiré votre dévouement envers vos deux fils.

Charles : Je fais de mon mieux bien qu'ils s'efforcent de nous éclipser aux yeux du public. Belle démonstration d'ingratitude de leur part.

Michael Fawcett : C'est d'autant plus regrettable que votre emploi du temps est de plus en plus serré en raison de la charge supplémentaire créée par la régence du royaume.

Charles : Le fardeau est lourd à porter.

Michael Fawcett : Nul ne le sait mieux que moi. Votre Altesse royale, j'ai une faveur à vous demander.

Charles : Dites-moi, Michael.

Michael Fawcett : Ça va être très dur pour ma famille

car le Palais a coupé tous les liens avec ma compagnie d'événementiel depuis le scandale de la fondation.

Charles : Je suis au courant mais cette décision n'est pas de mon ressort.

Michael Fawcett : Le Palais était le seul client qui me restait. Depuis le Covid, les affaires sont au point mort.

Charles : Ce doit être très dur, mais je n'ai rien à voir là-dedans.

Michael Fawcett : Je me demandais si vous pouviez intervenir en ma faveur ?

Charles : C'est Buckingham Palace qui décide et vous n'y êtes pas en odeur de sainteté. J'ai une autre mauvaise nouvelle, je dois également vous annoncer que vous devrez quitter votre logement de fonction[2].

Michael Fawcett : ...

Charles : Cette mesure a été prise à mon corps défendant.

Michael Fawcett : Nous aimerions rester dans le logement au moins le temps de nous retourner. La petite maison ne vous appartient-elle pas en nom propre et non pas à la Couronne ?

Charles : Je crains que cela n'échappe à mon contrôle.

Michael Fawcett : Sir Michael Peat[3] a conservé son logement de fonction plus d'un an après vous avoir quitté pour rejoindre le secteur privé.

Charles : Peat était mon directeur de cabinet, Michael. C'est par amitié que je vous ai autorisé à occuper le logement. Mais après le scandale, c'est impossible.

Michael Fawcett : Je ne vous cache pas que je suis déçu, à la lumière des décennies passées à vous servir. Son Altesse royale a toujours été très généreuse avec moi.

Charles : Michael, on se connaît depuis longtemps mais il n'y a pas d'autre solution. Le logement est déjà réservé à un collaborateur qui vient de nous rejoindre. Il a une jeune famille.

Michael Fawcett : J'ai toujours fait preuve de loyauté. Après votre séparation de la princesse de Galles, j'étais resté à vos côtés alors que les rats quittaient le navire.

Charles : Je vous en serai éternellement reconnaissant mais les temps ont changé. Je suis en permanence sous les yeux de la presse. On ne peut plus rien dissimuler au public. Et malheureusement, vous vous êtes fait beaucoup d'ennemis, Michael.

Michael Fawcett : Il s'agit d'envieux. J'étais méticuleux et exigeant, épris d'ordre et de propreté pour que votre maison soit impeccablement gérée.

Charles : Vous étiez un serviteur modèle, Michael, au cours des bons comme des moins bons moments.

Michael Fawcett : Je vous ai servi comme on ne sert plus. De nos jours, le personnel royal n'est plus aussi dévoué.

Charles : Camilla vous a toujours apprécié. À l'écouter, en votre présence je suis moins à cran, plus calme.

Michael Fawcett : Je n'oublierai jamais qu'elle est intervenue en ma faveur quand la presse m'a attaqué à propos de cette stupide histoire de cadeaux que vous m'aviez demandé de vendre pour financer vos associations. Certes, je gardais vingt pour cent des transactions, mais c'était légal.

Charles : L'enquête officielle vous avait heureusement blanchi et j'ai pu vous conserver à mes côtés comme consultant indépendant. J'aimerais particulièrement vous remercier d'être resté d'une totale discrétion tout au long de votre service, en particulier à propos de la désintégration de mon mariage et de ma liaison avec Camilla.

Michael Fawcett : Je n'ai jamais rien dit à ce sujet.

Charles : Camilla m'a demandé de vous saluer. Vous lui manquerez. Encore merci, Michael. Je vous souhaite bonne chance pour l'avenir.

Michael Fawcett : À votre service, Monsieur.

36

Un mariage d'amour

(avril 2005)

PARTICIPANTS : Elizabeth II et Camilla.

LIEU : Le château de Windsor.

Le prince Charles et Camilla Parker Bowles – née Camilla Shand[1] *– convolent en justes noces le 9 avril 2005 au cours d'une cérémonie civile à la mairie de Windsor, suivie d'un service de prières et d'actions de grâces dans la chapelle Saint-Georges du château. Toutefois, snobant son fils et héritier présomptif, la Reine refuse d'assister au mariage civil car elle tient Camilla pour responsable de l'échec du couple Charles-Diana. La gouverneure suprême de l'Église anglicane a jugé incompatible avec ses devoirs religieux d'assister à une cérémonie dénuée de portée spirituelle. Ce n'est pas un mariage religieux au sens strict du terme car l'Église d'Angleterre ne reconnaît pas le divorce mais c'est la meilleure façon d'assurer que le culte d'État, dont Charles sera à son tour le gouverneur suprême, joue un rôle dans la régularisation. Par ailleurs, le monarque aurait préféré* *que Camilla se cantonne à son rôle de maîtresse royale, conformément à la tradition.*

Malgré la rebuffade, la souveraine a participé à la bénédiction des mariés par l'archevêque de Canterbury dans la chapelle Saint-Georges. Lors de la réception, elle a même prononcé un court discours mais sans mentionner sa nouvelle bru.

Camilla, qui ne souhaite pas se faire appeler princesse de Galles, titre vacant depuis la mort de Diana, a été désignée duchesse de Cornouailles, en référence à l'un des titres de Charles.

Le mariage a permis à l'héritier du Trône et à sa compagne depuis plus de trois décennies de régulariser leur situation. L'officialisation d'une très longue liaison entre le prince, divorcé puis veuf, et sa maîtresse attitrée, également divorcée, met fin à une saga qui n'a cessé de défrayer la chronique royale, sur fond d'adultère, de drames et parfois d'impudeur[2]*.*

La Reine et sa nouvelle belle-fille se retrouvent en tête à tête après la réception.

La Reine : Tout est bien qui finit bien.

Camilla : En effet, Votre Majesté, ce fut une journée mémorable.

La Reine : Je suis désolée de ne pas avoir pu assister au mariage civil. Il ne s'agissait bien sûr pas d'une rebuffade. Mon premier souci était que la cérémonie soit aussi discrète que possible, en accord avec vos souhaits.

Camilla : La cérémonie a eu lieu en tout petit comité.

La Reine : Je suis également peinée de ne pas avoir mentionné votre nom dans mon discours. J'ai été forcée de choisir entre deux rôles, celui de mère et celui de gouverneure suprême de l'Église d'Angleterre. Sur le plan moral, je ne pouvais que donner la priorité au second. La situation était sans précédent.

Camilla : Je comprends tout à fait.

La Reine : À la réception, je connaissais beaucoup d'invités, du côté de Charles. À commencer par le marquis de Douro et la duchesse de Devonshire que vous connaissez bien je pense[3] [le duo avait mis à la disposition des deux amants les garçonnières, respectivement à Londres et à la campagne, où ils se retrouvaient déjà avant le mariage avec Diana en 1979 et surtout après la naissance de Harry, en 1984].

Camilla : Ce sont de très bons amis.

La Reine : Camilla, j'ai beaucoup apprécié l'hommage que vous a rendu Charles qui a mis en exergue votre humour et votre optimisme. Il aurait pu ajouter votre dignité. Vous n'avez jamais donné d'interview sur votre version des faits.

Camilla : Je suis la grande silencieuse de cette saga.

La Reine : Aujourd'hui, les gens parlent tout le temps.

Camilla : Pas moi…

La Reine : L'accord de mes deux petits-fils, William et Harry, qui n'allait pas de soi, a eu raison de mes dernières hésitations à l'égard de votre union[4].

Camilla : Je leur en serai éternellement reconnaissante.

La Reine : Mon seul regret est l'absence de têtes couronnées, qui ont snobé l'évènement. Ils ont fait payer à Charles sa désagréable habitude frôlant l'impolitesse de se faire remplacer à leurs noces par des membres mineurs de notre famille. Les autres dynasties l'ont vécu comme une humiliation.

Camilla : Ces personnalités ont un agenda fixé des mois à l'avance. Il leur est difficile de tout laisser tomber pour assister à une cérémonie religieuse de vingt minutes et à un cocktail.

La Reine : Heureusement, les représentants des monarchies du Golfe s'étaient déplacés. Ces amoureux des chevaux ont adoré le Grand National[5] [course hippique de steeple-chase se tenant début avril à Aintree, près de Liverpool, chaque année depuis 1839].

Camilla : Je suis heureuse que vous ayez pu regarder le Grand National qui tombait en pleine réception.

La Reine : J'ai dû m'éclipser une dizaine de minutes dans un salon pour suivre la course en compagnie d'autres amateurs.

Camilla : Au fait, Charles était triste que sa grand-mère [la Reine-mère, décédée le 30 mars 2002 à l'âge de cent un ans], dont il était très proche, n'ait pas vécu assez longtemps pour assister à notre mariage.

La Reine : C'est peut-être mieux ainsi. Je peux vous assurer que si Mamy avait été vivante, elle n'aurait jamais assisté à la cérémonie. Elle était d'une autre génération, très à cheval sur l'étiquette et la tradition monarchique anglaise qui préfère que la vie privée reste dans l'ombre[6].

Camilla : Dieu merci, l'archevêque de Canterbury, Rowan Williams, a été accommodant.

La Reine : Le primat de l'Église anglicane est un homme remarquable. À ses yeux, il importait surtout que vous ne soyez pas catholique !

Camilla : Aujourd'hui, je peux vous avouer que je n'aurais vu aucun inconvénient à ce que l'arrangement antérieur perdure. C'est Charles qui s'est battu pour qu'on se marie.

La Reine : Je sais et je vous sais gré de la discrétion dont vous avez toujours témoigné. Mais Charles a eu raison. La situation aurait été embarrassante pour la Couronne si j'avais été amenée à disparaître prématurément. J'ai toujours estimé qu'un monarque devait être marié. Un conjoint est un précieux atout, regardez Philip.

Camilla : Pour faire des défis autant de succès, il vaut mieux être en couple.

La Reine : Les Britanniques, me dit-on, ont beaucoup évolué sur cette question, je n'en ai jamais rien cru.

Camilla : Je partage votre avis.

La Reine : Ce mariage doit marquer un nouveau départ pour Charles, lui offrir la possibilité de toucher le peuple comme il n'avait jamais vraiment réussi à le faire jusque-là.

Camilla : J'ai été très touchée par l'octroi du titre d'Altesse royale.

La Reine : Vous l'avez bien mérité. Après mon décès, lorsqu'il montera sur le Trône, Charles devra décider de votre titre. Toutes les épouses de rois d'Angleterre ont été appelées reines.

Camilla : Pour ma part, je ne désire pas devenir reine lorsque Charles deviendra roi. Le titre de princesse consort me convient parfaitement.

La Reine : Le jour venu, le public considérera le titre de reine consort comme la chose la plus naturelle au monde. [Dans un communiqué officiel publié le 6 février 2022 à l'occasion de ses soixante-dix ans de règne, la Reine a exprimé son souhait de voir Camilla reconnue comme « reine consort » dans le futur.]

Camilla : La bague de fiançailles que m'avez offerte m'a beaucoup émue. C'est un superbe bijou de famille.

La Reine : C'était le cadeau fait par mon père à ma mère pour célébrer ma naissance. Comme d'habitude, Charles voulait n'en faire qu'à sa tête en achetant une bague chez Asprey[7] [joaillier royal]. Je l'en ai dissuadé. Dans notre famille, on n'achète pas les bijoux. Il fallait un symbole de votre appartenance à la famille royale.

Camilla : C'est un très beau geste.

La Reine : Vous remplirez parfaitement votre rôle.

Camilla : Je vais devoir me mettre au travail en développant ma propre activité philanthropique.

La Reine : C'est désormais votre priorité. Si je ne m'abuse, vous avez été femme au foyer toute votre vie. On m'a rapporté que vous êtes proche de vos petits-enfants. Charles aime la solitude. Les enfants lui sont insupportables.

Camilla : J'aime également la solitude. J'aime jardiner et lire des romans.

La Reine : Je vois que nous sommes sur la même longueur d'onde.

37

Charles a-t-il tué Diana ?

(décembre 2005)

PARTICIPANTS : Le prince Charles, Sir John Stevens, ancien chef de Scotland Yard en charge de l'enquête sur la mort de Diana.

LIEU : Clarence House.

Bien sûr, l'entretien ne s'est pas déroulé dans les sous-sols d'un commissariat de Londres, avec une poignée de flics en manches de chemise qui se relaient autour du petit monsieur, prostré sur sa chaise, une lampe puissante pointée sur son visage, mal rasé et en sueur, pour qu'il crache le morceau. Le cadre est un salon du palais de Clarence House. Le respect envers la personne qui doit être interrogée est de rigueur. Les policiers se sont mis sur leur trente et un. Sir John Stevens, l'ancien chef de Scotland Yard en charge de l'enquête sur la mort de Diana, est venu questionner le prince Charles[1]*. Il doit faire la lumière sur une lettre écrite par Diana dix mois avant sa mort, dans laquelle elle confiait soupçonner l'héritier du Trône de planifier* *son assassinat sous couvert d'un accident de la circulation pour pouvoir se remarier avec Camilla. L'ancienne épouse avait confié la missive à son majordome, Paul Burrell, qu'elle présentait volontiers comme son « roc ».*

L'indélicat Paul Burrell avait publié, en 2003, un livre brûlot, A Royal Duty[2] [Confidences royales] *dans lequel il révélait notamment l'existence de cette lettre. Mais sa maison d'édition, Penguin, avait alors biffé les mots « mon mari » (dont elle était depuis peu divorcée) en vue d'éviter des poursuites judiciaires. Le* Daily Mirror, *qui avait acquis les droits sur les bonnes feuilles, avait toutefois dévoilé en manchette : « Lettre de Diana : c'était Charles »*[3].

L'investigation française menée pendant deux ans par le juge Hervé Stephan avait uniquement porté sur les circonstances du drame. Le magistrat avait conclu à un accident de la circulation provoqué par l'état d'ébriété du chauffeur, Henri Paul, et par la vitesse excessive de la Mercedes pour tenter d'échapper aux paparazzis[4]. *En revanche, l'enquête britannique est d'ordre criminel.*

Stevens doit remettre son rapport au coroner, Michael Burgess, un médecin assermenté chargé d'enquêter dans les cas de morts soudaines ou non naturelles. Il a demandé à la police de lui prêter main-forte.

Le prince Charles : La note de mon collaborateur sur vos états de service, Sir John, est très impressionnante. Détective pendant vingt-deux ans, diverses responsabilités au sein de forces de province et enfin le sommet de votre profession : la direction de la police londonienne.

John Stevens : Je vous remercie, Votre Altesse royale. Je suis résolu à élucider cette affaire. Aucune piste n'est écartée. Les familles des trois victimes [Diana, Dodi al-Fayed, Henri Paul] ont le droit de connaître la vérité. L'investigation est d'une grande complexité. Huit ans se sont écoulés depuis les faits.

Charles : Je ne vous envie pas. Je ne vois pas ce que je peux vous apporter d'intéressant sur les circonstances de la disparition de Diana mais je me tiens à votre disposition pour répondre à vos questions. Je n'ai rien à cacher.

John Stevens : Sir, pouvez-vous lire tout haut cette lettre écrite par la défunte en 1996 ?

Charles : « Il s'agit de la phase de ma vie la plus dangereuse : mon mari planifie un accident sur ma voiture, une panne de freins et une blessure sérieuse à la tête qui lui laisseraient la voie libre pour se remarier. »

John Stevens : Qu'en pensez-vous ?

Charles : Je dois vous dire au préalable que je trouve cette affaire grotesque. Mohamed al-Fayed[5] [père de Dodi, propriétaire du grand magasin londonien Harrods] a inventé de toutes pièces cette histoire d'un complot qui aurait été organisé par mon père pour empêcher que la mère d'un futur roi d'Angleterre n'épouse un musulman.

John Stevens : Que pensez-vous de la lettre proprement dite ?

Charles : Commandant, mon avocat, ici présent, vous dira qu'il s'agit d'accusations absurdes, blessantes et risibles. Cette enquête est une totale perte de temps. Fayed est un illuminé.

John Stevens : Comment expliquez-vous que la princesse de Galles ait pu écrire pareille lettre ?

Charles : C'est d'autant plus surprenant que Diana écrivait rarement des lettres manuscrites. Son orthographe et sa syntaxe étaient pathétiques. Son secrétaire particulier les écrivait à sa place. C'était un ancien officier de la Royal Navy. Je ne le vois pas écrire ce genre de choses.

John Stevens : Quel était l'état psychologique de votre ex-femme à l'époque ?

Charles : Diana était très fragile, isolée, dépressive, délaissée par ses amis, hommes ou femmes, en raison de son comportement de plus en plus erratique. Même son frère avait fait part de son inquiétude à propos de sa santé mentale.

John Stevens : Quelles étaient vos relations avec Paul Burrell ?

Charles : Après avoir servi loyalement ma mère, il avait été affecté à la maison princière. Il avait choisi de suivre Diana à Kensington Palace après la séparation. Nos problèmes conjugaux ont été très éprouvants pour le personnel dont la loyauté a été mise à rude épreuve. Mais je ne le connais pas vraiment.

John Stevens : Vos deux fils, les princes William et Harry, l'ont accusé d'avoir trahi la confiance de son employeuse.

Charles : Ils ont raison. Burrell a exagéré sa proximité.

John Stevens : Où étiez-vous les jours précédant son décès ?

Charles : En vacances, à Balmoral avec mes parents et mes deux fils, comme c'est toujours le cas la dernière semaine du mois d'août.

John Stevens : Et votre père ?

Charles : Comme je vous l'ai dit, à Balmoral avec nous.

John Stevens : Quels étaient vos liens avec la famille Fayed ?

Charles : Je les avais rencontrés plusieurs fois lors de réceptions. Je me souviens que Mohamed al-Fayed participait au financement de certaines de mes associations. Harrods était l'un des fournisseurs agréés de la maison princière. Diana, William et Harry ont passé quinze jours de vacances sur le yacht de la famille.

John Stevens : Qu'avez-vous pensé de cette invitation ?

Charles : Nous étions divorcés. Je n'étais plus vraiment concerné. Diana était très seule à cette époque. Dans son cercle, personne ne songeait à l'inviter, sans doute par peur du harcèlement médiatique et de son comportement instable. Je suppose qu'elle a sauté sur l'aubaine. Les Fayed avaient gâté les deux princes. J'avais désapprouvé le luxe tapageur du séjour.

John Stevens : Quel était l'état de vos relations avec Diana en 1996 ?

Charles : Nos rapports étaient apaisés. D'après ce que j'ai pu comprendre, elle n'avait aucune intention d'épouser Dodi al-Fayed qui était un mythomane.

John Stevens : Que pensez-vous des accusations selon lesquelles les forces armées ont monté l'accident à la demande de votre père ?

Charles : De l'avis général, Diana était toujours amoureuse de son chirurgien pakistanais qui était musulman[6]. Et il est toujours en vie, que je sache.

John Stevens : Sir, vous aimeriez ajouter quelque chose ?

Charles : Le pseudo-assassinat de mon ex-épouse est une saga qui n'en finira jamais. Quelles que soient les conclusions de votre enquête, les partisans de la théorie du complot continueront leur croisade sans relâche.

John Stevens : L'entretien est terminé. Je vous remercie pour votre disponibilité, Votre Altesse royale.

Charles : Je vous souhaite bonne chance. Merci de votre visite.

Dans son rapport publié le 14 décembre 2006, Lord Stevens a définitivement écarté la théorie défendue par Mohamed al-Fayed selon qui l'establishment britannique avait organisé une conspiration visant à assassiner le couple. Henri Paul, le chauffeur de la Mercedes, était bel et bien ivre, sous antidépresseurs, et il roulait trop vite. En 2008, un jury a entériné le rapport Stevens[7].

38

Le prince Charles, futur roi contrarié
(novembre 2018)

PARTICIPANTS : La Reine, le prince Charles.

LIEU : Clarence House.

Elizabeth II est préoccupée. Le retrait de la vie publique de son époux, le prince Philip, et son âge avancé l'ont contrainte à se confronter à la question de sa succession.

La souveraine nonagénaire refuse d'abdiquer en faveur de son fils aîné, le prince Charles, tant qu'elle dispose de toutes ses facultés mentales. La souveraine entend régner jusqu'à sa mort, conformément à son fameux serment du Cap, le 21 avril 1947 : « Je déclare devant vous que toute ma vie, qu'elle soit longue ou courte, sera consacrée à votre service. »

Chez les Windsor, on ne rend pas sa couronne, sauf contraint comme ce fut le cas d'Edward VIII en 1936. Il avait placé l'amour plus haut que son devoir. Une faute que l'histoire ne lui a jamais pardonnée.

En exerçant un nombre croissant d'obligations régaliennes, le futur Charles III est aujourd'hui le régent du royaume.

Il représente sa mère à l'étranger, il est présent avec son épouse au discours du Trône au cours duquel la Reine lit le programme gouvernemental pour la session parlementaire, il passe en revue les troupes. Les dignitaires étrangers en visite officielle à Londres se rendent désormais systématiquement à Clarence House, son palais londonien[1].

Par ailleurs, lors d'une conférence qui s'est déroulée à Windsor en avril 2018, le Commonwealth a accepté à l'unanimité que le prétendant succède après le décès de sa mère à la tête de la grande famille d'outre-mer.

La relève est apparemment assurée. Reste à lever le dernier obstacle à une succession ordonnée.

Elizabeth a toujours vu d'un mauvais œil les prises de position publiques du dauphin. En 1985, elle s'était inquiétée lorsqu'il avait critiqué implicitement le gouvernement conservateur de Margaret Thatcher en prenant fait et cause pour les populations les plus déshéritées du royaume. Par la suite, il avait inondé le gouvernement Blair de lettres prônant des positions parfois controversées sur la marche du pays, en particulier l'écologie, l'agriculture bio, le réchauffement climatique et l'architecture traditionnelle. Il n'avait jamais caché son aversion pour le monde politique britannique, « extrêmement démoralisant ».

Il n'a pas fait preuve de plus de retenue à l'international. En qualifiant l'administration Bush d'« horrible », le parrain du Centre d'études islamiques d'Oxford n'avait pas dissimulé son hostilité à la guerre en Irak en raison du risque d'aliénation du monde musulman. En 2014, au cours d'une visite officielle au Canada dans la foulée de l'annexion de la Crimée par la Russie, le futur monarque avait confié à des journalistes que « Poutine [était] un nouveau Hitler ».

Grand partisan du Dalaï-Lama, Charles avait comparé les dirigeants chinois à des « momies de cire » et boycotté en 2015 le banquet organisé à Buckingham Palace en l'honneur du président Xi Jinping alors que sa mère avait déroulé le tapis rouge au dirigeant chinois.

La Reine : Bonjour, Charles. Je vous ai convoqué pour discuter de votre avenir.

Charles : Mon avenir est pourtant bien planifié, Mamy. Existerait-il un problème ?

La Reine : Je n'ai pas le moindre doute que vous ayez l'étoffe d'un futur roi. Vous accomplissez consciencieusement la fonction de prince de Galles et de régent[2] et j'en suis très fière.

Charles : Je m'efforce de faire de mon mieux.

La Reine : Jamais un futur roi n'a été si bien préparé à porter la couronne.

Charles : Vous m'y avez grandement aidé. Vous m'avez autorisé à avoir accès aux « boîtes rouges » [les valises officielles qui contiennent une copie des télégrammes diplomatiques, des rapports des services secrets et des documents d'État adressés au monarque] pour parfaire mon éducation de roi.

La Reine : Notre aïeule, la reine Victoria, avait interdit à Bertie [le futur Edward VII] de consulter les documents officiels. Il avait dû tromper sa longue attente en laissant libre cours à ses penchants pour l'alcool et les femmes.

Charles : Funeste décision.

La Reine : Cela ne l'a pas empêché d'être un bon roi.

Charles : Précisément.

La Reine : Vous n'avez rien à vous reprocher. Mais j'aimerais que désormais vous gardiez une totale neutralité politique. Il faut absolument taire vos convictions sur la place publique.

Charles : Je ne veux surtout pas être un prince de Galles futile et insignifiant, à l'image de tant de mes prédécesseurs.

La Reine : Vous avez été parfait, mais la situation a changé. Je ne serai pas éternelle. Vous devez cesser d'intervenir dans la vie politique à tout bout de champ. Un souverain constitutionnel anglais incarne l'État. C'est son unique rôle. Il n'a pas à exprimer d'opinion personnelle.

Charles : Je me suis toujours intéressé à la politique.

La Reine : Je me souviens qu'à Cambridge vous aviez failli adhérer à l'association travailliste de l'université. J'avais dû vous rappeler à l'ordre.

Charles : J'ai toujours détesté le consensus politique dominant. Ruer dans les brancards est parfois une nécessité.

La Reine : Au contraire, Charles, un futur roi ne doit jamais montrer ses émotions ou exprimer ses sentiments profonds. Comme mon père, j'ai toujours eu soin d'accomplir mes devoirs sans qu'on puisse jamais deviner mes vues personnelles. Il est essentiel que vous suiviez mon exemple.

Charles : J'ai toujours eu de fortes convictions et ma conscience me dicte de les défendre.

La Reine : C'est tout à votre honneur, mais jamais en public. Il faut adopter une couleur passe-muraille.

Charles : La monarchie ne doit-elle pas épouser la modernité ?

La Reine : Modernité ou non, votre future position de monarque vous oblige à vous positionner dès à présent au-dessus de la mêlée partisane. J'aimerais que vous l'affirmiez haut et fort à la première occasion.

Charles : Pourquoi cette soudaine urgence ? On a du temps devant nous.

La Reine : Charles, je me permets d'insister. Fini les tergiversations dont vous êtes coutumier. Vous ne pouvez pas continuer à traîner ce boulet de « dissident politique », comme vous vous êtes vous-même défini de manière ridicule.

Charles : Votre ton m'indique que c'est une injonction non négociable ?

La Reine : Absolument. Il faut vous engager à respecter la neutralité politique le plus rapidement possible. Trouvez le moment propice. Pourquoi pas à l'occasion de votre soixante-dixième anniversaire en novembre ? Cela marquera les esprits.

Charles : La BBC m'a demandé une interview à cette occasion.

La Reine : Profitez-en pour mettre les choses au point en vous engageant à vous tenir à l'écart des sujets à contentieux.

Charles : De toute manière, je n'ai pas le choix[3].

La Reine : Effectivement. Je vous remercie d'avoir à cœur les seuls intérêts de la monarchie. Il y va de son avenir.

39

Le discours d'une reine
(avril 2020)

PARTICIPANTS : La Reine, son secrétaire particulier, Edward Young, et sa styliste, Angela Kelly.

LIEU : Le château de Windsor.

Pays européen le plus endeuillé par le Covid-19, le Royaume-Uni fait face à une flambée de contaminations attribuée au très contagieux variant Delta. Avec des hôpitaux au bord de la saturation et une gestion de crise très critiquée, le pays est engagé dans une course contre la montre pour faire vacciner les personnes les plus vulnérables. Le Premier ministre, Boris Johnson, lui-même atteint du Covid, a été hospitalisé tandis que les princes Charles et William, positifs et souffrant de symptômes légers, ont été placés en isolement.

« HMS Bubble » : c'est le nom de code de la bulle créée au château de Windsor où sont confinés la Reine et son époux, le prince Philip, pour les protéger de la pandémie. L'appellation a été choisie en raison des états de service du duc d'Édimbourg dans la Royal Navy au cours de la Seconde

Guerre mondiale. Une vingtaine de collaborateurs soumis à des mesures sanitaires strictes sont basés à Windsor pour épauler Elizabeth II. À commencer par son secrétaire particulier, Edward Young, et sa styliste, Angela Kelly.

Le discours du 5 avril 2020 a été vu par 24 millions de téléspectateurs au Royaume-Uni auxquels il faut ajouter ceux qui l'ont suivi à la radio et sur les médias sociaux[1]. *Elizabeth II peut pavoiser. La souveraine n'a jamais été aussi populaire. Pourtant, malgré ce succès, la monarchie est plus appréciée par les personnes âgées que par les jeunes. La pandémie offre à la cheffe d'État l'occasion de redistribuer les cartes au sein du clan Windsor.*

La Reine : Edward, j'ai pris la décision de m'adresser à mes sujets. Je veux les encourager à se montrer à la hauteur de l'extraordinaire défi posé par la pandémie. On est confronté à une véritable hécatombe. Le moral de la population est au plus bas.

Edward Young : Un discours de Votre Majesté est en effet de nature à frapper les esprits. Au cours de votre règne, vous n'êtes intervenue que rarement à la télévision.

La Reine : Je pense qu'il faudrait invoquer l'esprit du Blitz[2], symbole par excellence de l'indomptable courage de notre peuple dans l'adversité.

Edward Young : Pour faire passer un message fort, le château de Windsor est parfait.

La Reine : J'ai passé toute la guerre dans ce château en compagnie de ma sœur et de mes parents. Aux pires heures de la bataille d'Angleterre, nous étions confinés, comme actuellement.

Edward Young : Votre discours doit rappeler cet épisode mais en précisant que le défi auquel nous sommes confrontés est différent dans la mesure où nous agissons de concert avec tous les pays du globe. On est tous dans le même sac.

La Reine : J'aimerais dire que les Britanniques font preuve aujourd'hui des mêmes qualités que lors de la Seconde Guerre mondiale : l'autodiscipline, la détermination et la camaraderie.

Edward Young : Il faut à la fois rassurer et inspirer.

La Reine : C'est pourquoi j'ai deux suggestions à vous faire. J'aimerais mentionner mon premier message en 1940, diffusé depuis Windsor afin d'encourager les enfants évacués. J'aimerais terminer le discours par le refrain de ma chanson préférée de la guerre, « *We will meet again*[3] » [« On se retrouvera »], interprétée par Vera Lynn.

Edward Young : Mon père était un grand admirateur de Vera Lynn.

La Reine : Pour le style, je me permets d'insister, Edward : sobriété.

Edward Young : Cela va de soi, Ma'am. Il faut éviter tout lyrisme.

La Reine : En aucun cas, ce discours ne doit être perçu comme une critique implicite de la gestion de la pandémie par le gouvernement qui a déjà fort à faire.

Edward Young : Le texte sera bien sûr soumis à l'approbation préalable de Downing Street.

La Reine : Le décor doit évoquer une atmosphère rassurante et conviviale. C'est pourquoi j'ai pensé au salon blanc.

Edward Young : C'est un cocon confortable qui convient parfaitement.

La Reine : Angela, quelle couleur proposez-vous pour la robe ?

Angela Kelly : Le vert pistache, une couleur chaude associée à une broche d'émeraude, une couleur froide. Elles s'harmoniseront parfaitement et feront ressortir votre teint de pêche et le bleu de vos yeux.

La Reine : Excellente idée, Angela. Le vert est la couleur la plus fréquente dans la nature. C'est apaisant.

Angela Kelly : Le vert est également le symbole de la santé, de la guérison et du réconfort. En outre, il vous va très bien.

La Reine : Je l'avais porté avec un grand succès lors de ma visite historique à Dublin [en 2011. Le trèfle est l'emblème de la République d'Irlande].

Edward Young : Ma'am. Nous pourrions envisager dans la foulée un deuxième message sur le Covid à l'occasion de la célébration, le mois prochain, du soixante-quinzième anniversaire de la capitulation nazie.

La Reine : Parfait en ce qui me concerne. Je ferai de même lors de mon message de Noël. Je vous remercie, Angela. Retrouvons-nous demain pour les essayages.

La styliste prend congé.

La Reine : Edward, j'aimerais mobiliser davantage ma famille sur le front du Covid.

Edward Young : Je suppose qu'il faut embrigader le prince de Galles et son épouse.

La Reine : Êtes-vous sûr ? J'aimerais plutôt faire monter la jeune génération en première ligne.

Edward Young : C'est une excellente idée. Le prince de Galles a déjà beaucoup à faire. Il a repris ses fonctions de représentation.

La Reine : D'après ce que l'on m'a rapporté, Camilla préfère rester chez elle pour se protéger du Covid. Elle est un peu traumatisée par ce qui est arrivé à Charles.

Edward Young : J'ai eu le même son de cloche.

La Reine : J'aimerais que William et Kate fassent une grande tournée en province, en Écosse et au pays de Galles afin de remercier le personnel de santé et des maisons de retraite.

Edward Young : Il y a un problème potentiel. Les Premiers ministres écossais et gallois risquent de protester contre un voyage qui enfreint les conditions de confinement en vigueur[4].

La Reine : Passez outre. Si la politique sanitaire est régionalisée, la monarchie est garante de l'unité nationale. Les trajets entre les différentes régions sont permis à des fins professionnelles. Pour faire bonne impression, les Cambridge se déplaceront à bord du train royal.

Edward Young : Je mets immédiatement le processus en route.

La Reine : Edward, faites-moi appeler immédiatement le prince de Galles et le duc de Cambridge. Je tiens à les avertir personnellement de ma décision.

40

Le camouflet de *The Crown*

(décembre 2020)

PARTICIPANTS : Le prince Charles et Camilla, duchesse de Cornouailles.

LIEU : Clarence House.

Le prince Charles et son épouse Camilla sont très critiqués dans la série télévisée The Crown *qui retrace la vie à Buckingham Palace depuis 1944*[1]*. Destinées à être diffusées à l'automne 2022, les parties 5 et 6 portent sur la bataille entre Charles et Diana et le destin tragique de celle qui était devenue un mythe planétaire. Le docu-fiction de Netflix met en exergue les mœurs royales qui ont brisé Diana : un mariage arrangé, un mari vite indifférent et infidèle, le ménage à trois avec Charles et sa maîtresse, Camilla Parker Bowles, une belle-famille et des entourages pervers. La série s'arrête définitivement en 2002, date du jubilé d'or de la souveraine marquant ses cinquante ans sur le Trône.*

Démissions fracassantes, éditoriaux sanguinolents, mobili-

sation des avocats… Les saisons 5 et 6 provoquent une vive polémique, dès leur tournage[2]*.*

Camilla : Comment va mon petit prince aujourd'hui ?

Charles : Je suis furieux. Les informations sur les deux prochaines saisons de *The Crown* qui m'ont été communiquées sont très pénibles.

Camilla : Il n'y a pas de quoi s'inquiéter. La quatrième saison était très critique à notre égard, mais notre popularité n'en a pas souffert.

Charles : Vous avez tort. Les jeunes générations ne savent pas distinguer la fiction et la réalité.

Camilla : Arrêtez de vous faire du souci pour tout et rien. On a connu pire.

Charles : Ils osent me décrire comme un être cruel et intrigant, tandis que Diana serait une sainte.

Camilla : Je suis logée à pire enseigne ! Je suis une mégère cynique et tyrannique. Le mieux est de les ignorer.

Charles : Ils n'en ont que pour Diana. Elle est présentée comme une sorte de mère Teresa au chevet des malades de la vie. Pas une mention de mon action caritative alors que j'en ai toujours fait dix fois plus qu'elle.

Camilla : Ça n'a aucune importance, Charles.

Charles : On ne peut traîner dans la boue un futur roi et une future reine consort.

Camilla : Il n'y a vraiment pas de quoi faire tout un plat d'une simple série télévisée.

Charles : De toute façon, il ne fallait rien attendre d'un scénariste aussi antimonarchiste que Peter Morgan.

Camilla : Comment les deux garçons ont-ils réagi ?

Charles : William m'a appelé. Il est furieux de voir les problèmes conjugaux de ses parents jetés à nouveau en pâture au public.

Camilla : Normal, la douleur de sa disparition est toujours vive. Et Harry ?

Charles : Il est resté silencieux. Je suppose à cause du contrat fabuleux qu'il a signé avec Netflix. On m'a rapporté qu'il a dit en privé que la série donne une idée exacte des pressions auxquelles sont soumis ceux qui doivent sacrifier leur famille au devoir[3]. Quel âne !

Camilla : Il fallait s'attendre à un pamphlet pro-Diana. Andrew Morton[4] [biographe de la princesse Diana qui, en 1992, avait publié le brûlot anti-Windsor *Diana : sa vraie histoire*] est le conseiller historique des deux dernières saisons.

Charles : C'est un sale type. Il a profité de la naïveté, de l'instabilité et de la dépression de Diana pour s'enrichir sur son compte.

Camilla : La vérité sur notre couple ne me dérange pas. Ce qui me gêne, c'est que Netflix ment quand le film raconte que notre liaison a continué sans interruption après votre mariage avec Diana. C'est faux et ils le savent. Notre relation s'est arrêtée lors de mon mariage en 1973 et n'a repris qu'en 1986, après la naissance de Harry et de mes deux enfants. Elle n'a recommencé que lorsque nos deux mariages étaient irrémédiablement finis[5].

Charles : Nous sommes confrontés à un vrai dilemme. Soit on suit l'exemple de ma mère qui pendant tout son règne a préféré un silence méprisant en laissant passer l'orage. Soit on porte plainte à la suite du refus de Netflix de préciser dans le programme qu'il s'agit d'une œuvre de fiction.

Camilla : Je ne sais pas ce qui est le mieux. Aujourd'hui, ne rien dire encourage les fauteurs de troubles. Mais une confrontation directe avec Netflix est perdue d'avance.

Charles : De son côté, Boris Johnson invoque l'excuse de la liberté d'expression pour justifier son inaction.

Camilla : Je ne le vois pas intervenir pour censurer une compagnie privée.

Charles : J'ai battu le rappel de nos alliés dans les

médias pour qu'ils dénoncent les erreurs de Netflix. On a plus que jamais besoin d'eux.

Camilla : Bonne nouvelle, le collège d'Eton a refusé la demande de *The Crown* de pouvoir tourner dans ses locaux[6].

Charles : Eton n'a pas besoin d'argent. Elle n'a que faire des dollars d'Hollywood. L'école ne peut pas se mettre à dos l'aristocratie, son premier fournisseur d'élèves.

Camilla : J'ai appris que Charlie Spencer [le frère de Diana] a interdit catégoriquement à Netflix de filmer dans son château d'Althorp. Il s'est bien comporté. Mais changeons de sujet. J'aimerais vous parler de Noël.

Charles : Excusez-moi si je ne parle que de *The Crown*. J'en ai fait une affaire trop personnelle.

Camilla : Relaxez-vous un peu. Le choix de notre carte de Noël officielle a fait un carton. Mes amies ne tarissent pas d'éloges sur la photo qui nous montre détendus et souriants au milieu des fleurs dans le jardin écossais. Elles disent que c'est très romantique.

Charles : La quiétude de la campagne est une réponse aux mensonges de *The Crown*.

41

Camilla et Kate ou les deux visages du matriarcat royal

(novembre 2021)

PARTICIPANTS : Camilla, Kate.

LIEU : Le balcon du Foreign Office à Londres avec vue plongeante sur le monument du Soldat inconnu devant lequel se déroule la cérémonie du souvenir.

Chaque année, le deuxième dimanche de novembre, la cérémonie du souvenir a lieu devant le monument du Soldat inconnu de Whitehall. Au balcon de pierre grise du Foreign Office avec vue plongeante sur la stèle mortuaire, deux femmes sont debout, côte à côte, à la place d'honneur : Camilla et Kate. Vêtues de noir, arborant le coquelicot de rigueur et un bijou de famille, le port altier, le masque sévère, pensives, les deux futures reines consorts forment la tête d'affiche du spectacle en mondovision.

Il s'agit de deux roturières au destin extraordinaire que rien ne prédestinait à se retrouver au cœur de l'institution monarchique.

Uniformes chamarrés des militaires, airs martiaux, dépôt des gerbes par les corps constitués devant la stèle du Soldat inconnu, deux minutes de silence et God Save the Queen *: la commémoration est digne d'une superproduction d'Hollywood. Les deux duchesses sont particulièrement émues. Camilla est ébranlée par le souvenir de son père, Bruce Shand, ancien commandant des lanciers, le régiment d'élite de la maison royale, qui fut décoré à deux reprises pour bravoure lors de la Seconde Guerre mondiale et est mort en 2006. Capturé en Égypte en novembre 1942, il avait été emprisonné en Allemagne où il avait construit une radio faite de bric et de broc pour permettre aux prisonniers d'écouter les informations de la BBC. Afin d'honorer sa mémoire, la duchesse de Cornouailles préside de nombreuses associations d'anciens combattants.*

Pour sa part, Kate était très proche de son grand-père paternel, ancien pilote de la RAF pendant la bataille d'Angleterre, et de sa grand-mère, qui fit partie de l'équipe d'Alan Turing, responsable du décryptage de la machine Enigma utilisée par les armées allemandes.

Contrainte au repos forcé par ses médecins à la suite de sa brève hospitalisation en octobre, la souveraine a dû annuler sa participation au « Remembrance Day ».

Camilla : La Reine m'a fait savoir qu'elle préfère que vous soyez au centre du balcon et moi à votre droite.

Kate : Croyez-vous qu'il y ait des arrière-pensées de sa part ?

Camilla : Chez ma belle-mère, rien n'est jamais fortuit. Il est clair qu'elle entend mettre en avant la jeune génération. Comme je le dis souvent, nous sommes deux vieux cons.

Kate : OK, faisons comme elle a dit, même si vous me précédez dans l'ordre de succession.

Camilla : Naviguer dans les eaux périlleuses du protocole de cette famille n'est pas une sinécure.

Kate : À qui le dites-vous ! Mais au moins, nous avons l'expérience du monde extérieur, de la vraie vie. Et ça, les Windsor ne l'apprendront dans aucun des guides du savoir-vivre de l'aristocratie.

Camilla : Pour des roturières comme nous, comprendre les codes de fonctionnement de la royauté n'avait rien d'évident. Je me suis longtemps demandé : « Mais qu'est-ce que je fous là ? »

Kate : À part Sophie [Sophie de Wessex, l'épouse d'Edward, est la fille d'un marchand de pneus], les membres de cette famille ont vécu sous cloche dorée, totalement coupés de la vie normale. Même dans l'intimité, William est coincé par le protocole et la peur de se laisser aller.

Camilla : Pour survivre, il faut surtout ne jamais révéler sa pensée et ne jamais dire la vérité. Il faut toujours exprimer les choses sans les nommer. Les Windsor y arrivent très bien et ils se comprennent entre eux avec leur charabia. Ils disent des trucs étranges en utilisant des références obscures dont je n'ai jamais entendu parler. Mais je fais toujours comme si j'avais toujours appartenu à ce monde.

Kate : Au départ, j'ai suivi votre conseil à la lettre en imitant le style vestimentaire ennuyeux qui plaît tant à la Reine. J'ai tout fait pour ne pas être à la mode en public. Tant que j'étais terne, pas de problème. Dès que je me suis habillée comme une femme normale de mon âge, c'est parti en vrille. Pour eux, c'était comme si je me baladais en culotte à Buckingham.

Camilla : Ce sont des malades. Anne est une garce cynique, Andrew un imbécile qui fraie avec des pédophiles et Edward une chiffe molle.

Kate : Ça me rend Meghan presque sympathique. Au moins, elle est comme nous.

Camilla : Regrettez-vous votre vie d'antan ?

Kate : Non car j'adore William et mes enfants. Mais c'est pas toujours drôle.

Camilla : Je suis heureuse avec Charles. Mais le pire moment a été la mort de Diana. Les Windsor, qui détestaient pourtant cette folle, m'ont descendue comme si j'étais responsable de l'accident.

Kate : Chaque fois que j'ai été attaquée par la presse, ma mère m'a dit : « Rappelle-toi, tu as choisi ce mode de vie ; tu as eu beaucoup de temps avant de décider d'épouser William ; maintenant tu dois être forte et aller de l'avant, simplement[1]. »

Camilla : Carole, bien sûr, a raison. Cela dit, je trouve le job barbant et répétitif, à l'exception des commémorations militaires. C'est bizarre mais c'est mon truc. C'est peut-être dû au fait que mon père a été un héros pendant la guerre. J'ai été élevée dans le culte de la patrie, du sacrifice, du dévouement.

Kate : J'ai toujours pensé que l'armée n'était vraiment pas la vocation de Charles, ni celle de William. Mais ils n'ont pas eu le choix. Ça fait partie du dur apprentissage du métier de roi.

Camilla : Le pauvre Charles a été contraint par son père de choisir la Navy alors qu'il souffrait du mal de mer. Mal lui en a pris. Il était en mer quand il a appris mon mariage avec Andrew[2].

Kate : Secrètement, la Reine aurait aimé que William opte également pour la Navy comme le prince Philip. Mais il a choisi l'armée de terre. Heureusement, il a servi dans l'un des régiments préférés de sa grand-mère, les *Blues and Royals* [la cavalerie royale].

Camilla : J'ai toujours aimé les militaires. Le prestige de l'uniforme.

Kate : Votre premier mari, Andrew [Parker Bowles], a été officier au sein de la garde royale.

Camilla : Andrew était fort et viril. Il plaisait beaucoup aux femmes… et c'était un sacré coureur de jupons.

Kate : Comme tous les hommes dès qu'on leur lâche la bride.

Camilla : Je crains, Kate, que vous n'ayez raison.

Kate : Cette cérémonie me rend toujours mélancolique.

Camilla : C'est très triste. Toute la génération qui a combattu lors de la Seconde Guerre mondiale est en train de disparaître sous nos yeux.

42

Harry, la rupture avec le père
(décembre 2021)

PARTICIPANTS : Charles, Camilla.

LIEU : Highgrove.

Dommage que la série télévisée The Crown *s'arrête en 2002, l'année du jubilé d'or de la reine Elizabeth II. S'ils avaient été portés au petit écran, les rapports qu'entretiennent le prince Charles et son plus jeune fils Harry auraient fait exploser l'audimat de Netflix. Tout y est : l'éternelle question de la haine du fils pour son père et de la vengeance pour ce qu'il a fait subir à Diana, les jalousies accumulées au fil des ans, les questions d'argent et les querelles dynastiques, le tout dans un théâtral huis clos familial.*

Depuis son exil californien, le prince Harry ne cesse de cracher son fiel sur le prétendant du Trône. Ainsi, le duc du Sussex a affirmé que son père n'avait pas écouté ses avertissements sur le scandale de trafic d'influence qui a frappé la Fondation du prince Charles[1].

Charles : La hargne de Harry à mon encontre est consternante. Je vous assure, ma chère, n'avoir jamais reçu son message m'avertissant d'un danger. Ce fut une erreur de jugement d'un collaborateur, pas un scandale, comme il le crie sur tous les toits.

Camilla : Faut-il s'inquiéter de l'ouverture d'une enquête officielle ?

Charles : Je n'ai rien à cacher.

Camilla : C'est quand même ennuyeux.

Charles : Je suis totalement innocent. En outre, deux des cinq juges de l'enquête, qui ont jadis travaillé pour moi, pourront témoigner de ma bonne foi. Michael Fawcett [l'ex-valet qui a dû démissionner de la direction de la fondation caritative du prince] est l'unique coupable[2].

Camilla : Comment expliquez-vous les provocations à répétition de Harry ?

Charles : Il est sous l'emprise de Meghan qui lui a monté la tête contre moi.

Camilla : Quelle mouche l'a piqué de conseiller aux employés qui n'aiment pas leur travail de le quitter[3] ?

Charles : Il déraille complètement. C'est une insulte adressée à tous les gens qui font consciencieusement leur travail.

Camilla : Jusqu'à il y a peu, Harry était pourtant votre favori. Vous ne juriez que par lui alors que votre relation avec William était tendue.

Charles : William m'a longtemps tenu pour responsable de la désagrégation de mon premier mariage. Il était très protecteur envers Diana.

Camilla : En tout cas, William a toujours été charmant avec moi et n'a jamais laissé percer la moindre rancune à mon encontre. Harry aussi. Quant à Meghan, elle a été adorable. Elle a écouté mes conseils au début. Je ne vois pas en quoi nous l'avons offensée.

Charles : Elle a considéré que nous faisions partie du complot visant à lui faire perdre son statut.

Camilla : C'était pourtant dans l'ordre des choses. Elle n'a pas voulu accepter que William soit deuxième dans l'ordre de succession et Harry, ce n'est pas de chance pour lui, seulement sixième.

Charles : Je pense que Harry est jaloux de ma nouvelle complicité avec William qui tient à l'identité de destin. Je lui apprends les ficelles du métier.

Camilla : Harry et Meghan n'ont peur de rien, ni de personne.

Charles : Pour des activistes de gauche idéalistes, c'est étrange d'être autant obsédés par l'argent, non ?

Camilla : En Amérique, tout est fric, je suppose.

Charles : Je suis très inquiet de la publication de ce livre [*Inside the Private Lives of William, Kate, Harry and Meghan*, du journaliste américain Christopher Andersen[4]], qui m'accuse d'être l'auteur de la fameuse remarque sur la couleur de la peau d'Archie [le premier enfant du duc et de la duchesse du Sussex]. C'est odieux et faux, vous le savez. J'ai démenti catégoriquement et l'accusation n'a pas eu de suite.

Camilla : Calomniez, il en restera toujours quelque chose.

Charles : C'est franchement dégueulasse. J'ai été le seul membre de la famille royale à œuvrer en faveur des minorités ethniques. J'ai imposé à ma mère l'ouverture de la garde royale aux Noirs, malgré ses réticences en raison de l'hostilité de l'état-major. Je me suis fait beaucoup d'ennemis à cette occasion.

Camilla : La fuite a dû venir de Meghan qui fait une fixation sur cette histoire.

Charles : Elle est injuste et ingrate. Lors de leur mariage, j'ai quitté la chapelle au bras de l'adorable Doria [la mère de Meghan qui est noire]. La seule chose que j'aie demandée à Harry, c'est de faire taire son beau-père dont les déclarations aux médias causaient un tort énorme à Meghan. Pour elle, c'était du harcèlement.

Camilla : Nous sommes victimes de la bien-pensance de gauche. Harry et Meghan vous font également un mauvais procès sur l'écologie.

Charles : Ma légitimité sur l'écologie ne prête pas à discussion. J'ai été un précurseur en ce domaine. Mes prises de position ont fait grincer des dents, y compris au sein de ma propre famille[5].

Camilla : Vous n'êtes jamais aussi heureux, souriant et détendu qu'à la campagne. Meghan se veut également à l'avant-garde du mouvement féministe. J'ai appris que son état-major était à cent pour cent féminin. Je ne peux imaginer pire.

Charles : Mamy a toujours préféré travailler avec des hommes.

Camilla : Pas vous. Vous êtes, mon cher époux, un des rares mâles, blancs, hétérosexuels et aristocrates de surcroît, que je connaisse à préférer la compagnie des femmes à celle des hommes.

Charles : Les conversations entre hommes m'ennuient profondément. Lorsque j'étais dans la Navy, je détestais les blagues de marins en bordée.

Camilla : Lors des réceptions, vous cherchez toujours la présence féminine. Savez-vous que je suis un peu jalouse ? Elles fondent toutes devant la petite lumière qui s'allume dans votre regard et votre courtoisie naturelle.

Charles : Et pourtant, lorsque j'étais jeune, j'étais peu sûr de moi avec les femmes. Je me demandais sans cesse : suis-je aimé pour moi-même ou pour ce que je représente ?

Camilla : Charles, vous êtes tellement séduisant quand vous flirtez. Un regard, un rire, un compliment. Déjà, lors de notre première rencontre, les signes ne trompaient pas.

Charles : Mais aucune ne vous arrive à la cheville, ma chère. Je vous trouve si belle en ce moment. Je vous désire encore et toujours, mon amour.

Camilla : Charles, vous êtes un merveilleux amant.

Charles : Oh, Camilla !

43

Alerte santé : le grand camouflage
(octobre 2021)

PARTICIPANTS : Elizabeth II, Edward Young, son secrétaire particulier.

LIEU : Le château de Windsor.

Le 21 octobre, le palais de Buckingham annonce que la Reine a passé la nuit dans une clinique londonienne pour y subir des examens « préliminaires » après avoir été mise au repos par ses médecins. L'inquiétude de ses sujets est grande car les hospitalisations de la souveraine âgée de quatre-vingt-quinze ans sont extrêmement rares. La dernière remonte à 2013, quand elle avait passé vingt-quatre heures à l'hôpital pour une gastro-entérite, et la précédente à dix ans plus tôt.

« La Reine garde un bon moral » : les assertions de la Cour sont d'autant moins convaincantes que les signes de problèmes de santé se sont récemment multipliés. Néanmoins, après la mort du prince Philip, son époux depuis soixante-treize ans, Elizabeth II s'est remise à la tâche comme si de rien n'était.

Les affirmations du Palais sur l'état de santé réel

d'Elizabeth II sont bien loin de faire l'unanimité[1]*, comme l'atteste l'interpellation du commentateur royal de la BBC, Nicholas Witchell : « L'information officielle n'est pas exhaustive. Sa Majesté est la cheffe de l'État et les sujets ont le droit de savoir ce qui se passe vraiment. Or, en l'absence de bulletins de santé crédibles et exacts, les rumeurs et fausses nouvelles vont bon train. » « Les communiqués de Buckingham Palace sont-ils truqués ? » s'interroge même le vétéran de la chaîne publique en charge de la couverture royale, qui soupçonne les collaborateurs royaux de dissimuler la vérité.*

La Reine : Bonjour, Edward.

Edward Young : Bonjour, Votre Majesté. Le séjour à l'hôpital s'est-il bien passé ?

La Reine : Edward, vous savez que je déteste faire des histoires à propos de ma santé, un sujet très ennuyeux pour tout le monde. J'aime à ce sujet citer la phrase par laquelle s'ouvre *Un conte de deux cités*, l'un des romans de Dickens que je préfère : « *It was the best of times, it was the worst of times* » [« C'était le meilleur et le pire des temps »].

Edward Young : Les médecins ont toutefois souligné avec insistance qu'il fallait vous ménager. Votre emploi du temps va être allégé avec davantage de plages de liberté.

La Reine : Ma mère [la Reine-mère, décédée en 2002

à l'âge de cent un ans] débordait d'énergie à mon âge. Les femmes ont la vie longue chez les Windsor.

Young : J'en suis persuadé et heureux. D'après un professeur d'université, il paraît même que l'espérance de vie d'un monarque britannique est aujourd'hui de 26 % supérieure à celle de ses sujets[2].

La Reine : Vous connaissez ma devise : on a l'âge que l'on ressent. Je déteste discuter des petits bobos de la vieillesse.

Edward Young : Je me permets néanmoins d'insister pour que vous suiviez les conseils de vos médecins en limitant votre vie sociale.

La Reine : Je sais. Trop de dîners avec des membres de ma famille ou avec des connaissances, trop de soirées à regarder la télévision trop tard. Après la mort de Philip, je me suis sentie parfois très seule et j'ai eu tendance à en faire un peu trop[3].

Edward Young : Je comprends. Mais le pays célébrera bientôt votre jubilé de platine [du 3 au 5 juin 2022]. C'est un rendez-vous important et exigeant.

La Reine : Il s'agira de mon quatrième jubilé. Vous avez raison, ce type de commémoration est toujours éreintant.

Edward Young : J'aimerais vous entretenir de deux questions pressantes. Il faut d'abord choisir les remplaçants à la présidence d'honneur des organisations caritatives qui étaient parrainées par le regretté duc d'Édimbourg.

La Reine : Charles et William sont déjà très pris. La princesse Anne devrait reprendre l'essentiel de ses activités philanthropiques. Elle a le même caractère que son père dont elle était très proche. Il me semble également qu'Edward et Sophie sont actuellement sous-employés.

Edward Young : De nombreuses associations parrainées par le prince Andrew ont également besoin d'un nouveau président après que vous lui avez retiré toutes ses fonctions de représentation.

La Reine : Cette mesure m'a été imposée par le prince de Galles. S'il y a un procès, on lui retirera aussi ses titres militaires et l'appellation « Votre Altesse royale » pour qu'il puisse se défendre sans contrainte. Pour l'instant, je préférerais qu'on laisse Andrew en paix.

Edward Young : Cela ne pose pas de difficultés.

La Reine : Mon pauvre garçon a suffisamment de soucis en ce moment.

Edward Young : J'aimerais vous parler du discours que vous auriez dû prononcer devant la COP26 [la conférence de l'Onu sur le réchauffement climatique qui s'est tenue à Glasgow début novembre 2021]. Il vous a malheureusement fallu annuler le déplacement sur l'avis des médecins.

La Reine : Je me réjouissais de cette escapade en Écosse. C'est dommage.

Edward Young : Vous allez enregistrer un message. Je vais vous proposer un texte soumis préalablement aux services du Premier ministre[4].

La Reine : J'attends votre premier jet avec impatience. Pour la couleur de la robe, j'ai accepté la suggestion d'Angela [Angela Kelly, la styliste de Sa Majesté], le vert, la couleur de l'espoir et de l'écologie. Elle m'a proposé une broche assortie en forme de papillon que j'ai héritée de ma mère.

Edward Young : Un papillon est un symbole parfait pour une conférence sur le climat. Concernant votre état de santé, nous avons bien sûr respecté vos consignes d'en dire le moins possible. Mais cette position n'est plus tenable. Witchell nous accuse de cacher la vérité.

La Reine : Witchell est bien le journaliste à propos duquel Charles a dit pis que pendre en public[5] ?

Edward Young : Son Altesse royale avait raison à propos de Witchell, il est imbu de son importance.

La Reine : Je ne lui ai jamais pardonné d'avoir écrit une nécrologie de ma sœur Margaret d'une grande cruauté. Il y évoquait ses nombreux amants et son goût immodéré pour le whisky.

Edward Young : C'était très déplacé.

La Reine : Lors des funérailles de mon époux, il a également déclaré à l'antenne que la conversation entre Harry et William après le service religieux était inappropriée.

Edward Young : Vous avez choisi avec grand discernement de ne pas répondre à ses provocations. Je pense toutefois qu'il faut en finir avec cette regrettable controverse sur votre état de santé. C'est un journaliste influent.

La Reine : Je partage votre avis, Edward. J'ai une suggestion à vous faire qui présente l'avantage de me permettre de prendre l'air et de me changer les idées.

Edward Young : Je suis à l'écoute.

La Reine : Je fais un petit tour en voiture dans le parc de Windsor pour démontrer que je suis en pleine forme. Je conduirai à grande vitesse puis je ralentirai à l'endroit où les photographes sont regroupés pour leur permettre de me prendre en photo[6].

Edward Young : En ce qui me concerne, c'est parfait. Si vos gardes du corps n'y voient pas d'inconvénient.

La Reine : On n'a même pas besoin de répéter. Je saisis instinctivement les mouvements et les angles des appareils photo et des caméras. Depuis le temps que je pose, je n'ai jamais le trac.

Edward Young : Votre métier force l'admiration, même si, pour être franc, ce n'est pas la promenade en voiture dans le parc qui va faire taire les controverses sur votre état de santé.

La Reine : Je sais, Edward, mais au moins je me montre. Vous connaissez ma devise : « Pour être crue, il faut être vue » ?

44

La Barbade devient république
(novembre 2021)

PARTICIPANTS : La Reine, le prince Charles.

LIEU : Le château de Windsor.

La démarche était délicate. On imagine l'épreuve qu'a dû subir le prince Charles, qui représentait sa mère sur place, lorsque la Barbade est devenue une république, le 30 novembre 2021. À la suite de ce départ, il ne demeure plus que quinze pays – les « Realms » – dont la souveraine reste cheffe de l'État : Royaume-Uni, Antigua-et-Barbuda, Australie, Bahamas, Belize, Canada, Grenade, Jamaïque, Nouvelle-Zélande, Papouasie-Nouvelle-Guinée, Saint-Christophe-et-Niévès, Sainte-Lucie, Saint-Vincent-et-les-Grenadines, îles Salomon et Tuvalu.

Surtout, la proclamation de la république dans ce paradis touristique des Antilles pourrait alimenter une vague anti-monarchiste sous d'autres cieux tout aussi peu cléments pour la lignée Windsor. Bon nombre de pays encore sous tutelle royale sont passés à autre chose. Le Canada s'est ancré aux

États-Unis. L'Australie et la Nouvelle-Zélande se sont recentrés sur la zone Pacifique. Et les pays pauvres des Amériques ou d'Océanie dépendent davantage de la manne des subventions au développement de l'Union européenne ou de la Chine que de l'aide bien pingre du Londres post-Brexit.

Lot de consolation pour la souveraine, la Barbade reste dans le Commonwealth, la grande famille d'outre-mer regroupant surtout les anciens dominions et les ex-colonies. L'organisation, que la Reine préside depuis son avènement en 1952, est un club dont les 54 membres, représentant plus de deux milliards d'habitants, soit 30 % de l'humanité, sont liés par des intérêts et une histoire commune.

Comme toute sa génération, la souveraine a été marquée par le souvenir de l'empire avec lequel elle a grandi. Cette affection est aussi liée à la mémoire de son père qui avait recréé l'association en 1949. Toutefois, lors de son accession au Trône, l'organisation, prise dans le tourbillon de la décolonisation, languissait. Tout au long de son règne, Elizabeth II s'est évertuée à renforcer le Commonwealth auquel elle est très attachée. Soixante-dix ans après le couronnement d'Elizabeth II, le Commonwealth est florissant, comme l'atteste l'intégration du Rwanda et du Mozambique, deux ex-colonies respectivement belge et portugaise, non anglophones.

La Reine : Votre voyage à la Barbade s'est-il bien passé ?

Le prince Charles : Le séjour a été une réussite. Rien à voir avec le calvaire de Hong Kong [rétrocédé à la Chine en 1997] lorsque j'ai dû amener les couleurs en présence d'officiels chinois qui ressemblaient à d'impénétrables statues de cire[1]. En comparaison, les dirigeants de la Barbade ont été plus accueillants et amicaux.

La Reine : Les circonstances étaient différentes. Mais à lire les télégrammes de notre ambassadeur à la Barbade, je me demande si la république faisait l'unanimité dans la population.

Charles : Une majorité réclamait un référendum, mais depuis le vote sur le Brexit, le référendum a très mauvaise presse dans nos anciennes possessions.

La Reine : Ce type de consultation ne s'inscrit pas dans notre tradition politique. J'avais mis en garde David Cameron lorsqu'il m'avait fait part de son désir d'organiser pareille consultation sur le Brexit. Mais il est têtu et vain. Il a ignoré mon avertissement, avec les conséquences que l'on sait.

Charles : Comment avez-vous réagi lorsque vous avez appris que la Barbade avait fait le choix de devenir une république ?

La Reine : Que vouliez-vous que je fasse ? J'ai été mise devant le fait accompli. En revanche, il était crucial que la Barbade reste dans le Commonwealth.

Charles : Les gens à qui j'ai parlé sur place éprouvent toujours une grande affection envers vous.

La Reine : Charles, j'ai un problème que j'aimerais vous

soumettre : pourquoi avez-vous mentionné dans l'un de vos discours à la Barbade le rôle du Royaume-Uni dans l'esclavage[2] ? Ce passage ne figurait pas dans le texte du Foreign Office. Je trouve que vous vous êtes beaucoup engagé.

Charles : Je suis plutôt surpris par votre question.

La Reine : Vous auriez pu vous contenter de paraphraser mon message en affirmant, par exemple, que la Barbade occupe une place privilégiée dans votre cœur.

Charles : Le gouvernement de la Barbade subit aujourd'hui la pression du mouvement Black Lives Matter. Les autorités ont été contraintes de retirer la statue de Nelson qui est accusé d'avoir défendu l'esclavage.

La Reine : C'est absurde. J'admire Nelson qui a sauvé l'Angleterre.

Charles : Je le comprends mais nous ne pouvons pas faire comme si de rien n'était, rester sourds aux prises de conscience des peuples. Je pense que vous devriez au nom de vos sujets faire amende honorable pour les crimes commis par le colonisateur britannique dans les Antilles.

La Reine : Un tel geste pourrait entraîner de lourdes compensations financières, si je ne m'abuse.

Charles : Nous devrions néanmoins présenter des excuses, faute de quoi d'autres nations des Antilles vont opter pour la république. Ces pays n'ont pas oublié la manière scandaleuse dont ont été traités les immigrants antillais venus dans l'après-guerre au Royaume-Uni pour participer à la reconstruction.

La Reine : Je connais cette page sombre de notre nation.

Charles : Aux yeux de vos sujets antillais, à tort ou à raison, la monarchie est toujours perçue comme un bastion du vieil ordre impérial blanc.

La Reine : Cette perception ne correspond pas à la réalité. Les choses évoluent. Mon écuyer actuel est noir [le lieutenant-colonel Nana Kofi Twumasi-Ankrah, officier de la cavalerie royale d'origine ghanéenne, a été nommé à ce poste en 2017]. J'en suis pleinement satisfaite[3].

Charles : Il était plus que temps. Savez-vous quels membres de notre famille ont été le plus souvent mentionnés par mes interlocuteurs à la Barbade ?

La Reine : Je suppose vous et moi, tout naturellement.

Charles : Non, désolé, Mamy. Harry et Meghan.

La Reine : Je vois. J'ai suggéré à Meghan de faire broder des fleurs emblèmes du Commonwealth sur son voile de mariée. Elle était très enthousiaste.

Charles : Son engouement n'a pas duré longtemps. Je

pense que dans son for intérieur elle associait le Commonwealth au colonialisme britannique.

La Reine : Elle est américaine. Elle ne peut pas comprendre.

Charles : Je respecte le Commonwealth mais ne pensez-vous pas que l'avenir de ce royaume est davantage du côté de l'Asie, du monde arabe, sans parler de l'Europe post-Brexit ?

La Reine : Vous parlez en termes de sphères d'influence, Charles. L'attachement au Commonwealth est d'abord sentimental.

Charles : Quand je serai roi, je défendrai bien sûr le Commonwealth.

La Reine : Je ne pense pas que vous soyez vraiment intéressé. William, en revanche, est passionné par le Commonwealth.

Charles : Vous l'avez formaté à votre image.

La Reine : Non, Charles, je lui ai inculqué les valeurs traditionnelles qui comptent, à commencer par le respect de notre histoire, la fierté d'être britannique et l'importance du Commonwealth.

Charles : Des valeurs que William embrasse sans trop se poser de questions.

La Reine : Et c'est très bien ainsi. Je regrette que Harry et vous-même ne les partagiez pas totalement. Au revoir, merci d'être venu, Charles.

Charles : Au revoir, Mamy.

45

L'Entente cordiale tangue dangereusement

(décembre 2021)

PARTICIPANTS : La Reine et son Premier ministre, Boris Johnson.

LIEU : Le château de Windsor.

La relation franco-britannique est au plus bas. Le Brexit a fait monter la tension entre Paris et Londres. Sur fond d'inimitié personnelle entre le Premier ministre, Boris Johnson, et le président Emmanuel Macron, les sujets de discorde s'accumulent : la pêche, le protocole nord-irlandais ou les migrants. La détérioration de l'Entente cordiale est d'autant plus flagrante qu'il n'existe plus de grand projet commun structurant – comme ce fut le cas jadis en matière de défense, de transport ou d'énergie – pour sortir les rapports bilatéraux de l'ornière. Même les divisions profondes en 2003 à propos de la guerre en Irak n'avaient pas suscité un tel climat de défiance[1].

La France est le pays européen que la souveraine connaît le mieux. Elle y a effectué cinq visites d'État, en 1957, 1972, 1992, 2004 et 2014, sans compter de nombreux voyages privés liés à son amour des chevaux. C'est aussi en France, en 1948, que la princesse Elizabeth, accompagnée du duc d'Édimbourg, avait fait son premier déplacement officiel. À Buckingham Palace, la France est omniprésente. Le service de Sèvres turquoise utilisé lors des grandes occasions est un cadeau personnel du roi Louis XVI à la duchesse de Manchester, épouse de l'ambassadeur d'Angleterre à Versailles. Les maisons françaises sont le premier fournisseur étranger de la cour d'Angleterre. Les menus sont toujours écrits en français, hommage sans doute aux ancêtres normands et angevins de la lignée issue des Hanovriens, étendue aux Saxe-Cobourg et rebaptisée Windsor[2].

Francophile et francophone, la reine Elizabeth II s'inquiète des retombées de cette crise sur une relation qu'elle juge fondamentale pour l'avenir de son royaume. Elle évoque le sujet avec son chef du gouvernement lors de l'audience hebdomadaire.

La Reine : Je vous félicite, monsieur le Premier ministre, pour la naissance de votre deuxième enfant.

Boris Johnson : Je vous remercie, Votre Majesté.

La Reine : L'année écoulée a été très éprouvante pour tout le monde.

Boris Johnson : Je ne vous le fais pas dire, Ma'am.

La Reine : J'aimerais discuter en priorité de l'état de la relation franco-britannique qui m'attriste beaucoup.

Boris Johnson : Je partage tout à fait votre inquiétude. Comme vous le savez, j'aime les Français et la France.

La Reine : Le désaccord m'apparaît étroitement lié au Brexit.

Boris Johnson : En effet, Emmanuel Macron a fait de l'intégration européenne l'axe de sa présidence.

La Reine : Je vous congratule à nouveau pour avoir signé l'accord de sortie de l'Union européenne[3], que vous avez décrit comme étant mutuellement avantageux [signé à la fin 2019 entre l'Union européenne et le Royaume-Uni]. Pourquoi dès lors souhaitez-vous remettre en cause ce traité ?

Boris Johnson : Le volet nord-irlandais doit absolument être renégocié.

La Reine : En quoi le traité pose-t-il problème ?

Boris Johnson : Le texte porte atteinte à notre souveraineté nationale sur l'Irlande du Nord. Pensez-vous que le président Macron aurait accepté que la Corse soit cogérée par la France et l'Union européenne, comme c'est le cas de l'Irlande du Nord ?

La Reine : Si je vous comprends bien, vous avez signé un traité en sachant que vous alliez demander de le renégocier par la suite ?

Boris Johnson : La diplomatie britannique est pragmatique. Il faut savoir s'adapter aux circonstances, corriger leurs conséquences pratiques si elles s'avèrent fâcheuses et ne pas craindre d'explorer les voies nouvelles.

La Reine : Il m'a été rapporté que les Français vous accusent d'être constructif en privé mais de revenir sur vos engagements en public.

Boris Johnson : J'ai signé le texte contraint et forcé pour éviter un Brexit dur qui aurait été catastrophique pour l'économie britannique.

La Reine : Je vois. N'avons-nous pas besoin de l'aide de la France pour empêcher les migrants de traverser la Manche ?

Boris Johnson : Les Français traînent la jambe, bien que nous les payions généreusement pour intercepter les clandestins avant leur départ.

La Reine : On me dit que les Français ne ménagent pas leurs efforts pour nous porter assistance.

Boris Johnson : Je crains qu'Emmanuel Macron ne joue un rôle trouble dans l'affaire des migrants. Il estime que notre politique migratoire attire les illégaux[4]. Ce ne sont pas ses oignons, que je sache.

La Reine : Comment expliquez-vous son hostilité personnelle à votre encontre ?

Boris Johnson : Je n'en sais trop rien. Au début, notre entente était parfaite. Nous échangions des messages sur WhatsApp pour court-circuiter nos entourages. Nous avons beaucoup de points communs, à commencer par l'amour des livres et de l'histoire. Mais ses grands airs sont ridicules. Comme beaucoup de Français, il se prend très au sérieux et a une haute opinion de lui-même.

La Reine : Peut-être. Mais on m'a aussi dit que le président Macron dort peu, travaille beaucoup et connaît ses dossiers dans les moindres détails.

Boris Johnson : C'est ce que l'on dit. Mais l'obsession des détails vous prive de recul.

La Reine : Votre querelle m'a au moins permis d'enrichir mon vocabulaire. Vous connaissiez l'expression « gougnafier » que le président Macron aurait utilisée à votre sujet[5] ?

Boris Johnson : Non. Je l'ai découverte en lisant le télégramme de notre ambassadeur à Paris. D'après le dictionnaire, cela signifie bon à rien, rustre, goujat. J'ai entendu pire à mon sujet dans mon propre pays. Cela fait partie du jeu, je suppose.

La Reine : Ma mère était très attachée à la France. À chaque repas où des Français étaient présents, elle portait un toast au général de Gaulle. J'ai hérité de sa francophilie.

Boris Johnson : Votre français est bien supérieur au mien.

La Reine : Je regrette de ne pas être parvenue à léguer cet amour de la langue française à la nouvelle génération. Si mon fils Charles possède un très bon français, ce n'est malheureusement pas le cas de mes petits-enfants. C'est dommage.

Boris Johnson : Vous avez connu tous les présidents de la Cinquième République. Qui vous a le plus impressionnée ?

La Reine : De Gaulle bien sûr. La fraternité des armes a soudé nos deux pays lors de la Seconde Guerre mondiale.

Boris Johnson : J'adore de Gaulle. Il était de ces personnages qui ont su infléchir le destin d'un pays par leur seule volonté. Churchill s'en méfiait.

La Reine : Je ne suis pas d'accord. Winston Churchill lui a permis de devenir le chef de la France libre à Londres. Churchill adorait la France.

Boris Johnson : Comment jugez-vous le président Chirac, que vous avez rencontré à plusieurs occasions ?

La Reine : Je me souviens qu'il était spontané et parlait avec plaisir notre langue.

Boris Johnson : À cette époque, l'Entente cordiale était pourtant plutôt mal en point, en raison de son hostilité à la guerre en Irak.

La Reine : Le désaccord était ponctuel.

Boris Johnson : J'avais soutenu la guerre mais ce fut une erreur. Faute de plan pour l'après-Saddam Hussein, nous avons provoqué le chaos.

La Reine : Je dois vous faire une confidence. J'ai donné un petit coup de pouce à la réélection du président Chirac. Lors d'une réception à Windsor, j'ai confié à un journaliste du *Monde* que j'espérais que les Français allaient bien voter. J'avais franchi la ligne jaune en m'exprimant sur les affaires intérieures d'un autre État. Mais le jeu en valait la chandelle : faire barrage à l'extrême droite. En dépit des divergences, nous avons célébré le centenaire de l'Entente cordiale en grande pompe[6].

Boris Johnson : Je me souviens que l'épouse du président Sarkozy avait fait sensation lors de leur visite officielle à Londres.

La Reine : Son anglais était parfait, tout comme sa révérence. En revanche, le président Hollande était un vrai gougnafier, pour reprendre l'expression utilisée par monsieur Macron à votre encontre.

Boris Johnson : Ah bon ?

La Reine : Au début du banquet de l'Élysée, il m'a fait poireauter lors de l'échange de toasts en disparaissant pendant plusieurs minutes sans fournir la moindre explication[7].

Boris Johnson : C'est typique. Sa politique économique était ahurissante mais il ne s'en est pas trop mal sorti sur le reste, en particulier la lutte contre le djihadisme. C'était courageux.

La Reine : C'est toujours un plaisir de m'entretenir avec vous. J'ai une suggestion à vous faire, monsieur le Premier ministre. Pourquoi ne pas organiser un sommet franco-britannique pour détendre l'atmosphère ?

Boris Johnson : C'était mon intention, mais après l'élection présidentielle qui est propice à la surenchère. Je tiens à vous rassurer. J'ai ordonné une désescalade unilatérale de la tension avec la France[8].

La Reine : Je me réjouis de votre initiative. Je vous souhaite une bonne soirée. Mes amitiés à votre épouse. Et encore toutes mes félicitations pour l'heureux évènement.

46

Le mystère de la robe rouge

(décembre 2021)

PARTICIPANTS : La Reine, Camilla, Kate.

LIEU : Le château de Windsor.

Chaque 25 décembre à quinze heures précises, des millions de téléspectateurs écoutent religieusement le message de Noël de la Reine. C'est le seul discours qu'elle rédige personnellement sans contreseing ministériel. La tonalité est toujours consensuelle. Les thèmes de l'allocution télévisée, longue d'une dizaine de minutes, sont intangibles : nouvelles de la vie familiale, hommage aux forces armées et au mouvement caritatif et considérations religieuses.

Contrairement aux attentes d'Elizabeth II, 2021 a été une autre « annus horribilis ». *Le prince Andrew est empêtré jusqu'au cou dans le scandale de pédophilie lié à son amitié avec le financier new-yorkais Jeffrey Epstein. Le prince Charles, héritier du Trône, est impliqué dans une affaire de trafic d'influence. Exilés aux États-Unis, Harry et Meghan n'ont cessé de défrayer la chronique médiatique. Dernière provocation en date, le prince Harry a décidé de traîner en justice le gouvernement britannique pour pouvoir bénéficier d'une protection policière armée lors de ses séjours au Royaume-Uni en compagnie de sa famille.*

La Reine : Je vous ai convoquées pour discuter du contenu de mon message de Noël. Je pense qu'il faut aborder en priorité la pandémie. Je devrais dire quelque chose du genre : si Noël est un moment de bonheur, c'est une période particulièrement difficile pour ceux qui ont perdu des proches.

Kate : Cela vous permettrait de faire la liaison avec le décès du prince Philip.

La Reine : Philip me manque tant. Il était irrésistible. Je pense vraiment que mon premier Noël sans lui va être dur.

Kate : La longévité de votre mariage a été extraordinaire.

La Reine : Ce fut le seul homme de ma vie[1]. Il fut le seul à me parler franchement, sans prendre de gants. Il me faisait toujours rire avec son humour décapant. Il était très ouvert d'esprit.

Camilla : Le duc d'Édimbourg était un personnage complexe. Il fallait savoir découvrir l'homme charmant et attentionné derrière l'enveloppe rude.

La Reine : Camilla et Kate, je compte vous rendre un vibrant hommage dans mon message de Noël. Vous le méritez. Vous êtes appelées à régner aux côtés de vos époux. Vous êtes désormais des piliers de la royauté.

Camilla : Nous sommes très touchées par votre attention.

La Reine : Edward [Young, secrétaire particulier de la Reine] m'a montré un sondage qui souligne que vous êtes toutes les deux au zénith de votre popularité[2].

Kate : C'est une bonne nouvelle.

La Reine : Il ne faut pas que cela vous monte à la tête, Kate. Philip m'a toujours dit qu'il ne fallait pas rechercher la popularité à tout prix. Il avait prévenu Diana qui n'en avait pas tenu compte, la pauvre.

Camilla : Les bons sondages, c'est nouveau pour moi. J'ai connu tant de hauts et de bas. Mais vos sujets ont compris que je n'étais pas une mangeuse d'hommes. Le temps est gentilhomme.

La Reine : Pour le message de Noël, Angela [Angela Kelly, styliste de la Reine] me propose de porter une robe rouge vif. À l'écouter, c'est la couleur de la vraie puissance régalienne.

Camilla : Excellente suggestion. J'aime porter du rouge, une couleur riche et élégante.

Kate : À mon sens, c'est la couleur magique de la séduction et du charme. Elle exprime la joie et le dynamisme.

La Reine : Récemment, nous avons eu tendance à choisir le vert et toutes ses nuances, notamment lors de mes deux discours sur le Covid et mon message à la COP26 [la Conférence de Glasgow de 2021 sur le changement climatique].

Camilla : En cette période anxiogène, il faut une touche de gaieté et d'insouciance pour apporter un peu de baume aux cœurs. Il n'existe pas meilleur remède à la sinistrose ambiante.

Kate : C'est la teinte de l'amour et du désir.

La Reine : C'est très intéressant. De ma part, ce sera un signe de résilience. Angela m'a dit qu'elle aimerait coordonner nos tenues lors des apparitions publiques à l'occasion des fêtes de fin d'année. Nous serons tout de rouge vêtues…

Camilla : Ma'am, tout n'a pas été unanimement négatif pour vous en 2021. Il y a eu la naissance de quatre nouveaux arrière-petits-enfants.

Kate : En particulier Lilibet Diana [fille de Harry et de Meghan, née le 4 juin 2021], que j'aimerais tant tenir dans mes bras. J'ai vu plusieurs vidéos d'elle que Meghan m'a envoyées. Elle est tellement mignonne.

La Reine : Malheureusement, elle ne viendra pas de sitôt à Londres pour nous être présentée. Harry continue d'exiger une protection policière lors de ses visites au Royaume-Uni alors qu'il sait que c'est impossible puisqu'il n'exerce plus de fonction royale[3].

Camilla : Je m'inquiète de l'état mental de Harry. Il est en permanence en colère.

Kate : Il a peur que les paparazzis ne le harcèlent pour se venger de ses attaques contre la presse.

La Reine : Je n'ai pas arrêté de lui dire que lancer une action en justice contre des journaux est une grave erreur. Le jeu n'en vaut pas la chandelle et les propriétaires de tabloïds se ligueront contre lui.

Kate : Je compatis un peu. Même s'il a quitté la famille royale, Harry est une cible potentielle des terroristes.

Camilla : Et s'il a recours à une protection privée, c'est Charles qui réglera la note comme d'habitude.

La Reine : C'est comme Andrew qui prétend prendre en charge les frais de protection de Beatrice et Eugenie [ses deux filles]. Mais, au bout du compte, je finance leur sécurité en lui versant une somme annuelle rondelette.

Kate : Harry est vulnérable, Granny. Il est petit-fils d'une souveraine, fils d'un futur roi, figurant dans le haut de l'ordre de succession et il a servi à deux reprises en Afghanistan.

La Reine : Je sais, Kate, mais on ne peut pas faire d'exception. Le département en charge de la sécurité royale est totalement autonome. Même si je le voulais, je ne pourrais pas intervenir en sa faveur.

Camilla : Je pense qu'il s'ennuie ferme en Californie, qu'il a le mal du pays, qu'il n'a pas de vrais amis. Je soupçonne Meghan d'être derrière cette dernière offensive. Elle revendique des exigences dont elle sait qu'elles sont inacceptables pour l'empêcher de revoir sa famille.

Kate : J'ai toujours apprécié Harry. C'est tellement dommage cette brouille.

Camilla : Il paraît que Meghan est déjà lassée de sa villa californienne.

Kate : Selon la presse américaine, ils en ont vu de toutes les couleurs, à commencer par les risques de coulée de boue, les odeurs nauséabondes, les tentatives d'intrusion[4]...

Camilla : Ne leur cherchez pas des circonstances atténuantes. Vous ne comptez quand même pas vous rabibocher avec Meghan après toutes les horreurs qu'elle a proférées à votre propos ?

La Reine : Je suis excédée par leurs caprices d'enfants gâtés que je trouve indécents en ces temps troublés. Meghan et Harry se veulent altruistes mais se comportent en égoïstes. Leur attitude d'auto-commisération me dérange.

Kate : Un tel déversement d'émotions est très américain.

Camilla : Je suis très inquiète de cette autobiographie que Harry va publier à l'automne.

La Reine : Avec lui, on peut craindre le pire. Ne plus avoir de représentations officielles doit beaucoup lui peser. Il adorait parrainer des régiments.

Camilla : Ma'am, avez-vous pris connaissance à l'avance du classement des membres de notre famille qui ont assuré le plus d'obligations royales[5] ?

La Reine : D'après ce que je sais, la plus impliquée est la princesse Anne, suivie par vos deux époux.

Kate : Elle a une incroyable énergie et n'est pas prête à ralentir.

La Reine : Je l'admire. Elle a refusé toute protection policière permanente et l'octroi du titre d'Altesse royale que je voulais décerner à ses deux enfants.

Camilla : Elle était très proche de son père.

La Reine : Pardon, Camilla, Anne est le portrait tout craché de sa mère.

47

Avec de tels amis, pas besoin d'ennemis

(Windsor, janvier 2022)

PARTICIPANTS : La Reine, le prince Andrew.

LIEU : Le château de Windsor.

Le 12 janvier, un juge new-yorkais a validé la plainte de Virginia Giuffre, cette ancienne call-girl qui affirme avoir eu une relation sexuelle rémunérée avec le prince Andrew alors qu'elle était encore mineure. Elle prétend avoir été introduite par Ghislaine Maxwell, proche amie du prince, qui a été reconnue coupable le 29 décembre d'avoir fourni des adolescentes au pédophile Jeffrey Epstein. Le duc d'York a toujours démenti avoir rencontré la teenager dans des résidences appartenant à Epstein.

Le déroulement d'un procès civil à l'automne 2022 porterait un coup dur à l'image de la monarchie qui compte sur la célébration, début juin, des soixante-dix ans sur le trône d'Elizabeth II pour redorer son blason terni par une série de scandales. Le fils cadet de la cheffe de l'État serait le premier membre de la famille royale à devoir témoigner dans une affaire judiciaire depuis Bertie, fils aîné et dauphin de la reine Victoria… en 1891[1]*. Un accord financier, dont les termes n'ont pas été dévoilés, a finalement été trouvé à la mi-février 2022 entre le prince Andrew et son accusatrice en vue d'éviter un procès. La Reine et le prince Charles ont aidé le duc d'York à régler la somme.*

La Reine a convoqué le neuvième dans l'ordre de succession en tête à tête au château de Windsor pour discuter du scandale de mœurs.

La Reine : Bonjour, Andrew. Je suis désolée de la tournure que prend cette affaire.

Andrew : Je suis décidé à me battre, Mamy, pour prouver mon innocence.

La Reine : Vous auriez pu être un peu plus attentif à vos fréquentations.

Andrew : Mon amitié avec Jeffrey Epstein a été la pire erreur de ma vie. Je m'en mords les doigts tous les jours.

La Reine : Si je me souviens bien, Ghislaine Maxwell avait été jadis votre petite amie. Elle vivait quasiment à plein temps à Buckingham Palace et pouvait y accéder ou en sortir à sa guise, sans contrôle policier[2].

Andrew : Ghislaine est une vieille amie à laquelle je reste loyal. Elle ne m'a jamais trahi.

La Reine : Il n'y avait pas qu'elle ? Vous vous étiez taillé à l'époque une solide réputation de play-boy, avec toutes ces starlettes pas toujours distinguées. Je me souviens d'une certaine miss Koo Stark [star du porno dans les années 1970] qui avait volé mes chocolats préférés dans les cuisines du Palais.

Andrew : Koo était élégante, éclatante et pétillante.

La Reine : Vous êtes libre de vos amitiés. Mais de là à inviter Epstein et Maxwell à Sandringham et à Balmoral[3]… Aviez-vous perdu la tête ?

Andrew : Je sais, je me suis comporté comme un idiot.

La Reine : Joli petit monde. Vous avez toujours été subjugué par le clinquant et les nouveaux riches.

Andrew : Je sais. L'argent a toujours été mon talon d'Achille. Mais avec une maigre pension de retraité de la Royal Navy, en dépit de votre assistance financière, je ne suis jamais parvenu à joindre les deux bouts. L'absence d'un métier à la fin de ma carrière militaire ne m'a pas aidé.

La Reine : J'en suis consciente. Dommage que vous ayez perdu ce poste de représentant britannique au commerce extérieur qui vous allait comme un gant à cause de cette fâcheuse affaire Epstein…

Andrew : Des jalousies, déjà.

La Reine : Épargnez-moi vos jérémiades. Comment vont Beatrice et Eugenie ?

Andrew : Elles souffrent beaucoup de voir leur père traîné dans la boue.

La Reine : Je partage leur peine, croyez-moi, Andrew. J'ai réuni un conseil de famille avec Charles et William pour régler une fois pour toutes cette grave affaire.

Andrew : Vous avez évoqué mon avenir en mon absence ! Je n'en crois pas mes oreilles.

La Reine : Je le déplore mais le premier et le deuxième dans l'ordre de succession devaient être associés à une décision d'importance aux ramifications nombreuses.

Andrew : Ils n'ont qu'une obsession, me voir disparaître.

La Reine : Ils m'ont adressé un véritable ultimatum. J'ai été contrainte d'accepter le retrait de votre titre d'Altesse royale et l'abandon de toutes vos fonctions de représentation militaire.

Andrew : C'est comme être excommunié de la famille royale. Je perds la protection policière et tous mes liens avec l'armée.

La Reine : Une centaine d'anciens officiers supérieurs ont signé une lettre réclamant votre départ de la tête de mes régiments en vue de protéger la réputation des forces armées. Ça a pesé lourd. Je ne pouvais plus refuser d'affronter la réalité en face.

Andrew : Je suis ramené au rang de citoyen privé, comme Harry.

La Reine : Je suis désolée, Andrew, mais vous le savez, entre la monarchie et la famille, j'ai toujours choisi la monarchie. Protéger l'honneur de la lignée régnante est mon devoir.

Andrew : Quitte à faire de votre fils un paria ?

La Reine : Je le crains. J'ai été formée par ma grand-mère, la reine Mary[4] [reine consort de 1910 à 1936 sous le règne de son époux, George V], qui a dû sacrifier son propre fils, Edward VIII, lors de la crise de l'abdication.

Andrew : Il avait pris la décision de renoncer au Trône. Je voulais continuer à vous servir.

La Reine : Je vous ai défendu pendant deux ans face à vos très nombreux accusateurs. Mais après le verdict new-yorkais, ma position était intenable. Il fallait sanctuariser la monarchie.

Andrew : Je me sens dans la position d'un bouc émissaire sacrifié sur l'autel de la raison d'État.

La Reine : Vous gardez l'ordre de la Jarretière[5] [la distinction la plus prestigieuse octroyée par la Reine à titre personnel].

Andrew : Je vous en remercie mais cela ne va pas arranger ma situation financière. Je suis sur la paille.

La Reine : Andrew, j'ai payé les honoraires de vos avocats américains et je continuerai à le faire dans la mesure de mes moyens. La vente de votre chalet devrait vous faciliter la tâche.

Andrew : Le chalet était lourdement hypothéqué et Fergie [l'ex-épouse du prince Andrew] a droit à la moitié du produit de la vente.

La Reine : J'admire beaucoup la manière dont Fergie vous a soutenu tout au long de cette pénible affaire. Ne pourrait-elle pas réduire sa quote-part pour vous venir en aide ?

Andrew : Elle a un énorme découvert bancaire. Vous savez, elle est très dépensière.

La Reine : Dans votre situation, était-il bien raisonnable d'acheter une Bentley alors que vous avez déjà deux Range Rover[6] ?

Andrew : J'étais déprimé. J'avais envie de me faire un petit cadeau.

La Reine : C'est extravagant vu les circonstances.

Andrew : Je suis en quelque sorte comme un roi nu.

Avec de tels amis, pas besoin d'ennemis

La Reine : C'est comme ça, Andrew, je ne pouvais pas faire autrement. Mais à titre personnel, je tiens à vous remercier pour vos visites fréquentes depuis la mort de Philip. Vous avez été d'un grand réconfort.

Andrew : C'est la moindre des choses. Vous êtes ma mère.

Épilogue

La Reine est morte, vive le Roi !

L'opération « *London Bridge* » est le nom de code donné au plan qui fixe les détails du calendrier des dix journées qui suivront la disparition de la reine Élisabeth II.

Dès la mort de la souveraine, le secrétaire particulier de la défunte téléphonera au Premier ministre, sur une ligne sécurisée spécialement mise en place, pour lui annoncer son décès. Pour l'avertir, il utilisera le code « *London Bridge is down* » [« London Bridge est abaissé »].

Les yeux de la défunte à peine fermés, le prince Charles devient roi en vertu de l'ordre de succession. Les membres de sa proche famille présents au chevet de sa mère lui baisent la main en signe d'allégeance.

Dans l'enveloppe contenant le document d'accession au Trône, le grand chambellan doit écrire le nouveau nom du successeur. Le prince peut choisir Charles III, son premier prénom, en suivant l'exemple de sa mère qui s'était appelée Elizabeth II. Mais il pourrait opter pour l'un de ses autres prénoms, Philip, Arthur, George.

Le nouveau souverain devra quitter sa résidence londonienne de Clarence House, un cottage luxueux mais bourgeois. Cette demeure était destinée à rappeler que sa seule fonction était d'attendre. Le Roi emménage à Buckingham Palace, l'immense demeure du chef de l'État dans la capitale.

Outre Buckingham Palace, le nouveau souverain peut user de trois autres châteaux officiels, Windsor [sa résidence de week-end], Hillsborough en Irlande du Nord et Holyrood en Écosse[1].

Déjà propriétaire de sept résidences dans le pays, le successeur devrait hériter des deux châteaux familiaux de Balmoral et de Sandringham. Il acquiert en son nom propre le duché de Lancaster, fondé en 1399, qui fournit au souverain un revenu indépendant de celui de l'État. Les ressources du duché proviennent essentiellement de trois sources : des terres agricoles dans les comtés du Yorkshire et du Cheshire, un patrimoine immobilier avec de nombreux immeubles dans le centre de Londres et un portefeuille d'actions et d'obligations.

La fortune privée d'Elizabeth II[2] – œuvres d'art, meubles d'époque, parc de voitures anciennes, collection de bijoux (à ne pas confondre avec les fameux joyaux de la Couronne, enfermés dans la Tour de Londres et propriété de l'État depuis 1760), de timbres et de pur-sang ainsi qu'un portefeuille de valeurs boursières – est partagée entre les enfants et petits-enfants en vertu du testament de la défunte souveraine.

Le titre de prince de Galles et d'héritier du Trône passe à William. Son épouse Kate devient princesse de Galles, titre laissé vacant depuis la mort de Diana. Le fils aîné de Charles et de Lady Di prend possession du duché de Cornouailles, un très riche patrimoine de terres, d'exploitations agricoles, d'investissements dans l'immobilier et dans des entreprises vertes fondées et développées par son père. Son fils aîné George est pour sa part propulsé au deuxième rang de l'ordre de succession suivi de sa sœur, Charlotte, et de son frère, Louis.

Les membres du Conseil privé, cénacle regroupant des personnalités de tous horizons, ont désigné en leur sein une délégation qui constitue l'*Accession Council* chargé de proclamer le nouveau monarque chef de l'État, de l'Église anglicane et des armées. La cérémonie se déroule au palais de St James. Son épouse devient reine consort, comme l'a décidé l'ancienne souveraine. Charles prend également les rênes du Commonwealth. En avril 2018, à l'issue d'une conférence conviée au château de Windsor, les dirigeants de l'organisation avaient accepté à l'unanimité que l'héritier présomptif préside la grande famille d'outre-mer après le décès de sa mère. La relève est assurée.

Les hérauts d'armes en costumes médiévaux et les trompettes d'argent au son clair inaugurent le nouveau règne. Le titre officiel de son grand-père était GRI (*George Rex Imperator*). Sa mère s'était contentée des lettres ER (*Elizabeth Regina*) après l'indépendance de l'Inde et du Pakistan, qui l'avaient privée du titre impérial. Les initiales du nouveau monarque devront remplacer celles de la disparue sur les boîtes aux lettres, les tentures de l'opéra ou le costume rouge et or des hallebardiers. Le majestueux hymne national devient immédiatement le *God Save the King*.

Le faste qui présidera au dernier voyage d'Elizabeth II, la foule immense assemblée sur le parcours du cortège funéraire, la présence dans l'abbaye de Westminster de toutes les têtes couronnées et de bon nombre de chefs d'État de la planète, réveilleront de folles nostalgies. Au Royaume-Uni, bien sûr, mais aussi dans le reste du monde. L'organisation devrait être exactement la même que lors des obsèques de George VI, en 1952. Le catafalque sera entouré par quatre gardes royaux portant un brassard noir, appuyés sur leur sabre pointé vers le sol. En signe de deuil, ils inclineront la tête, surmontée du célèbre bonnet à poils, à quarante-cinq degrés.

On peut imaginer quels déchirements internes le nouveau roi ressentira lorsqu'il assistera à l'inhumation de sa mère dans la crypte royale de la chapelle Saint-Georges du château de Windsor. Charles éprouvera une sourde angoisse face à l'épreuve du pouvoir. Les émotions s'empareront de celui qui a été volontiers comparé à Hamlet, le prince au caractère mélancolique, troublé et hésitant à l'heure de l'action et de la nécessité de s'affirmer.

D'abord, un énorme sentiment de tristesse devant la disparition d'une mère, certes absente pendant l'essentiel de son existence, mais dont il s'était rapproché lors des dernières années. En dépit de leur différence de tempérament et des désaccords politiques et familiaux, ils partageaient une complicité tenant à la même destinée.

La peine n'effacera pourtant pas la colère qu'a suscitée en lui le refus de la souveraine de suivre l'exemple des autres têtes couronnées européennes en abdiquant en sa faveur alors qu'il était dans la force de l'âge. Que de temps perdu, quel monarque somptueux aurait-il été à cinquante ans ! L'égoïsme et l'obstination de sa mère lui imposent de commencer sa carrière à l'âge où les hommes accomplis dressent le bilan de la leur, le font entrer dans la lumière quand l'ombre de la fin obscurcit déjà sa silhouette et les traits de son visage.

Mais cette femme croyante avait fait le serment religieux de poursuivre son sacerdoce jusqu'à sa mort. Plus la Reine avançait en âge, plus elle considérait l'exercice du pouvoir régalien – même limité à la célèbre citation du constitutionnaliste du XIXe siècle Walter Bagehot, « formuler des avertissements, donner des encouragements et des conseils » – comme le meilleur antidote à la vieillesse et à la maladie. Quoiqu'il l'ait aidée en tant que régent[3] à assumer ses obligations, son fils, imbu de sa légitimité, travailleur et appliqué, passera davantage à la postérité pour l'éternel second qu'il a été que pour le roi qu'il sera.

D'autant que le nouveau monarque connaît le poids de l'histoire : aux souverains qui ont connu de très longs règnes (George III, Victoria, George V) ont succédé des rois scandaleux (George IV, Edward VII, Edward VIII).

Confronté à ses nouvelles responsabilités, le prince a le trac. Dans la manière dont elle avait conçu sa fonction et dont elle s'était acquittée de sa charge, Elizabeth II sera difficile à égaler. Véritable monument ennobli par les grands évènements du XXe siècle qu'elle a traversés en reine granitique, la défunte faisait rêver. L'histoire de Charles s'écrira à partir des chroniques croustillantes des tabloïds sur les scandales financiers ou la mort de Diana.

Pour être en phase avec une société plus égalitaire, Charles devra s'adapter à un cadre de vie moins somptueux que celui dans lequel sa mère et lui-même ont vécu. Pourra-t-il nourrir ses jack russell sur un plateau d'argent, comme Elizabeth II le faisait avec ses corgis ? Ou ordonner à son personnel de cuire chaque matin sept œufs à la coque pour lui permettre d'en choisir un à la cuisson parfaite ? Sans doute pas. Mais, comme un enfant égoïste et mal élevé, il trouve cela injuste.

La famille Windsor constitue un cinquième défi. Sous ses allures courtoises, le prince de Galles s'est débarrassé de tous ceux et celles sortis du parcours fléché. Andrew, Fergie, Harry et Meghan, ainsi qu'une cohorte de ducs royaux de deuxième ordre ont été brutalement écartés pour avoir défié son autorité. C'est un Borgia dans l'âme. Et il sait que c'est de son propre sang qu'il doit craindre le poison ou le poignard. Il devra tenir à l'œil son propre fils William, le chouchou du public, formaté par sa grand-mère pour être à son image plus conventionnelle. Son héritier présomptif pourrait vouloir ne pas attendre comme l'a fait Charles et risque de le pousser vers la porte.

Heureusement, dans cette foire d'empoigne qui se trame en coulisses, il peut compter sur l'indéfectible soutien de Camilla. L'ex-duchesse de Cornouailles sera à l'aise dans son rôle de reine consort, elle qui n'appartient pas à l'aristocratie mais fait partie de cette grande bourgeoisie qui côtoie la noblesse sans en avoir les titres. Depuis son mariage en 2005 avec l'héritier, elle a fait un sans-faute en aidant son époux dans sa tâche sans chercher à lui voler la vedette. Surtout, elle l'épaulera parce qu'elle l'aime, parce qu'il l'adore et qu'elle représente son oasis de paix.

Toutes ces interrogations mijotent dans cet esprit singulier, comme seule sait, parfois, en engendrer la délicieuse

Angleterre : Charles est un être à la fois accessible et inaccessible, idéaliste et pratique, traditionnel et radical.

Quelle sorte de roi sera cet homme inclassable ? La question n'est pas pertinente. Après tout, le royaume a connu des monarques ivrognes, débauchés ou dérangés, quand ce n'était pas les trois à la fois, sans que la survie de la royauté soit durablement affectée. Chaque monarque définit son règne.

Dans l'imagerie populaire, l'accession au trône d'Elizabeth II en 1952 avait marqué une cassure entre deux mondes. L'ancien, représenté par le défunt George VI, et le nouveau, symbolisé par une jeune souveraine épaulée par un beau prince consort, Philip, duc d'Édimbourg, déterminés l'un et l'autre à mettre progressivement l'institution royale au goût du jour. Dans la réalité, Sa Majesté avait reproduit le schéma du règne de son père en s'appuyant sur les mêmes piliers : le palais, l'armée, la religion et la noblesse. Charles, en revanche, entend instaurer une rupture en se forgeant un rôle dans la promotion de l'écologie, de la tolérance et de l'empathie. Mieux formé que la plupart de ses prédécesseurs grâce à cette régence, à sa longue attente et à son activité philanthropique, l'intéressé devrait faire un bon roi… de transition, vu son âge.

Parmi les monarchies européennes, l'anglaise est la seule où survit un sacre digne de ce nom. La coutume veut qu'on laisse une période de deuil pouvant aller jusqu'à un an entre la mort du souverain et le couronnement de son héritier.

Le rituel de la cérémonie de 1953 est-il applicable à l'Angleterre du XXIe siècle ?

De fait, les pairs héréditaires portant hermine et couronne qui étaient omniprésents à l'époque ne siègent plus à la Chambre des lords. En outre, le public a changé. Le téléspectateur qui suivra le couronnement n'a rien à voir avec celui qui avait regardé, plein de déférence, le sacre d'Elizabeth II diffusé en noir et blanc.

Par ailleurs, la question du serment religieux est bien plus complexe qu'en 1953. La Reine s'était engagée à « maintenir dans le Royaume-Uni la religion protestante réformée établie par la loi ». La seule innovation qu'elle avait apportée par rapport au sacre de son père avait été la présence du modérateur de l'Église presbytérienne d'Écosse. Fidèle à ses engagements passés, le prince Charles entendra probablement donner une dimension œcuménique à son couronnement en invitant les autres confessions.

Lors de la cérémonie, sous un dais doré, l'archevêque de Canterbury déposera, pour la première et la dernière fois, la couronne de saint Edward rehaussée du rubis du Prince noir sur le front du Roi qui deviendra le quarante et unième monarque depuis Guillaume le Conquérant. Le prélat de l'Église anglicane placera dans sa main droite le sceptre surmonté de la croix, symbole de la puissance et de la justice, tandis que la main gauche empoignera le « bâton d'équité et de miséricorde », emblème du Saint-Esprit. Tout autour de la nef et dans les galeries, les huit mille invités s'écrieront « Dieu protège le Roi » avant l'exécution de l'hymne national.

« La Reine est morte, vive le Roi »... À l'image de sa mère, le nouveau souverain se drapera dans l'étendard royal, le Royal Standard rouge et or. Le symbole de la continuité monarchique est frappé d'un lion et d'une licorne. D'un côté, la puissance et le réalisme ; de l'autre, l'imagination et la fantaisie.

Notes

I. LE PIÈGE

1. Meghan tombe dans un piège

1. Edward Young, Clive Alderton, Simon Case et Fiona Mcilwham, respectivement secrétaires privés de la Reine, du prince Charles, du prince William et du prince Harry.

2. Marc Roche, « Lettre de Buckingham – Susan Hussey, dame de compagnie de la Reine », *Le Point*, 26 juillet 2021.

3. « *Inside crunch Sandringham Summit that saw Harry and Meghan Markle walk out as royals* », *Daily Mirror*, 13 janvier 2022.

4. Après son abdication en 1936, le roi Edward VIII, que ses proches appelaient David, son dernier prénom, prend le titre de duc de Windsor, part en exil et épouse le grand amour de sa vie, Wallis Simpson, pour laquelle il a rendu sa couronne. Les sympathies nazies du couple et le comportement peu glorieux du duc, planqué pendant la guerre aux Bahamas où il s'adonnait au trafic de devises, ont provoqué la rupture définitive des liens avec la famille royale. Voir J. Bryan et Charles J.V. Murphy, *The Windsor Story*, Granada Publishing, 1979.

5. Le *Duchy of Cornwall Annual Report* du 24 juin 2021 révèle que le Prince de Galles tire du duché de Cornouailles un revenu annuel de 21 millions de livres (25,4 millions d'euros). Voir aussi Marc Roche, « Charles *Inc.* », *Le Monde*, 21 avril 1998 ; et Crispin Gill, *Duchy of Cornwall*, David & Charles, 1987.

6. Chris Ship, « *Prince Charles paid a "substantial sum" to Harry and Meghan despite Harry claims he was "cut off"* », ITV, 24 juin 2021.

2. Kate-William, le mariage arrangé

1. Marc Roche, « Dans les beaux draps du Goring Hotel », *Le Monde*, 27 mai 2011.
2. Katie Nicholl, *Kate: The Future Queen*, Weinstein Book, 2015 ; Dylan Howard et Andy Tillett, *Royals at War*, Skyhorse, 2020.
3. Robert Lacey, *Brothers at War*, Williams Collins, 2020 ; traduit en français sous le titre *Guerre royale. Mensonges et trahisons*, Albin Michel, 2021.
4. Marc Roche, « Noblesse oblige », *Le Monde*, 20 novembre 2010.
5. Lacey, *Guerre royale*, *op. cit.*
6. *Ibid.*
7. *Ibid.*

3. Harry annonce qu'il veut épouser Meghan

1. Résidence royale située dans les jardins de Kensington (ouest de Londres), Kensington Palace appartient au Crown Estate, l'organisme gérant les biens de la Couronne au nom de l'État. Le prince William, son épouse Kate et leurs trois enfants occupent le palais aux côtés des ducs et duchesses de Kent et de Gloucester et du prince Michael de Kent et de son épouse, Marie Christine. Harry et Meghan y ont habité avant d'emménager à Frogmore Cottage, dans le parc de Windsor, en avril 2019. L'édifice a été la résidence de la princesse Diana entre 1981 et 1997.
2. Marc Roche, *Elle ne voulait pas être reine !*, Albin Michel, 2020.
3. Violet von Westenholz, attachée de presse de Ralph Lauren. Voir *Socialite who is believed to have set up Prince Harry and Meghan Markle*, MailOnline, 30 juillet 2019.
4. Lacey, *Guerre royale*, *op. cit.*
5. *Ibid.*

4. Harry se déguise en nazi

1. Situé dans le Gloucestershire (ouest de l'Angleterre), le domaine de Highgrove est la résidence de campagne du prince de Galles et de la duchesse de Cornouailles. Acheté par S.A.R. en 1980, le domaine, qui comprend, outre le manoir, plus de trois cents hectares de terres, se veut le laboratoire de l'agriculture biologique chère au propriétaire. Voir Marc Roche, « Le jardin secret du prince Charles », *Le Monde*, 9 août 2002 ; et The Prince of Wales et Candida Lycett Green, *The Garden at Highgrove*, Weidenfeld & Nicolson, 2000.

2. « *Mein Fury* », *The Sun*, 13 janvier 2005.

3. Marc Roche, *Elle ne voulait pas être reine !*, *op. cit.* ; voir le chapitre 20, « La Reine, les Juifs et les gays ».

4. Marc Roche, « Sandhurst, l'académie des princes », *Le Monde*, 27 avril 2007. Voir aussi *Sandhurst. A Tradition of Leadership*, Third Millennium Publishing, 2005.

5. Meghan snobe le « test de Balmoral »

1. Le château de Balmoral, en Écosse, est la résidence estivale de la reine Elizabeth II. La propriété a été achetée en 1848 par le prince Albert, époux de la reine Victoria.

2. Tony Blair, *Mémoires*, Albin Michel, 2010 ; voir le chapitre 5, « La princesse Diana ».

3. Dans son essai intitulé *L'Aristocratie anglaise* (1954), la romancière Nancy Mitford a mis en exergue deux expressions, symboles des divisions de classes plus fortes au Royaume-Uni que sur le Vieux Continent : *U* (pour *Upper class*, les classes supérieures) et *non-U* (la classe moyenne).

4. Marc Roche, « Lettre de Buckingham. Comment réussir le redoutable "test de Balmoral" de la reine Elizabeth II », *Le Point*, 26 octobre 2020.

6. Le couronnement

1. Situé dans le centre de Londres, Buckingham Palace est la résidence officielle du monarque dans la capitale. Près de 700 pièces, 19 salles de réception, 52 chambres à coucher royales, 188 autres réservées au personnel, 78 salles de bains, 92 bureaux, plusieurs kilomètres de couloirs, vingt hectares de parc, deux hectares d'étang et 600 employés. Une forteresse terrifiante à la façade en pierre de Portland au cœur de Londres, construite par le premier duc de Buckingham, en 1705, achetée pour la Couronne par George III en 1762 et agrandie par le célèbre architecte Nash, en 1821. C'est une ville dans la ville, avec ses cuisines, ses restaurants, ses celliers, son dispensaire médical, sa chapelle, son fleuriste et son bureau de poste. Le temps s'est arrêté. En uniforme datant de Waterloo, les gardes à bonnet à poils sont en permanence figés dans une impressionnante immobilité d'automate. Dans les salons immenses, le mobilier victorien et les toiles de maître écrasent de leur masse les hôtes des lieux. Il y a aussi le célèbre balcon auquel on accède par un petit salon aux motifs chinois, seule interface entre la monarchie et son peuple, là où la famille Windsor met en scène sa représentation idéale devant ses sujets. Occupant les côtés sud et est du bâtiment, les appartements d'honneur comprennent les salons, la salle de musique, la galerie des portraits et la salle de bal. L'administration de la Maison royale se trouve également au rez-de-chaussée. Situés le long du couloir des rois, les appartements privés se trouvent au premier étage de l'aile droite. Le personnel est logé sous les combles au deuxième étage, dans de minuscules chambres de bonnes au confort spartiate.

Le Palais, tout comme l'Élysée, est le symbole du pouvoir du chef de l'État. Quand la Reine est présente, l'étendard de la dynastie, le *Royal Standard* rouge et or, flotte au mât. C'est le symbole de la continuité monarchique. C'est dans cet univers d'or et de pompe, surnommé « B.P. » par les employés, que la nouvelle reine et sa jeune famille s'installent en 1952.

2. Ingrid Seward, *My Husband and I*, Simon & Shuster, 2017. Voir aussi Gyles Brandreth, *Philip. The Final Portrait*, Coronet

Books, 2021 ; et id., *Philip and Elizabeth. Portrait of a Royal Marriage*, W.W. Norton & Co., 2004.

3. Lady Soames, fille de Winston Churchill, présente au couronnement, se souvient de la sortie de la Reine par une porte latérale : « En regardant cette toute petite silhouette, la lourde hermine, la couronne pesante, on pouvait sentir toute la lourdeur de la charge à venir. C'était très émouvant. » (Conversation avec l'auteur.)

4. Ce premier reportage télévisé en direct de la BBC, à l'époque l'unique chaîne nationale, marquera la mémoire collective. Le royaume ne compte que deux millions de récepteurs. On estime entre 20 et 27 millions le nombre de Britanniques (270 millions au total dans le monde) ayant suivi l'évènement à la télévision ou au cinéma. Il s'agit aussi, pour les téléspectateurs français, du premier grand reportage de Léon Zitrone, spécialiste pendant trois décennies des têtes couronnées à l'ORTF puis à Antenne 2. À cette occasion, les Français ont découvert la télévision. Plus de cent mille postes ont été vendus en prévision de cet évènement.

5. Richard Hough, *Mountbatten, Hero of Our Time*, Weidenfeld & Nicolson, 1980. Voir aussi Andrew Lownie, *The Mountbatten. The Lives and Loves of Dickie and Edwina Mountbatten*, Bonnier Books, 2020 ; et la biographie officielle de Philip Ziegler, *Mountbatten*, Harper & Row, 1985.

6. Gyles Brandreth, *Philip. The Final Portrait, op. cit.*

7. Le prince William a-t-il trompé Kate ?

1. Résidence de campagne de William et de Kate, Anmer Hall est un manoir géorgien du XIXe siècle situé dans le comté du Norfolk (est de l'Angleterre), à trois kilomètres du château royal de Sandringham. C'est le cadeau de la Reine au couple après leur mariage en 2011. Voir « *Prince William and Kate Middleton peaceful country mansion* », *Hello!*, 12 décembre 2021 ; et « *Inside Anmer Hall* », *Daily Express*, 15 janvier 2022. Marc Roche, « Le trésor de Houghton Hall reconstitué » et « Lord Cholmondeley, l'aristocrate mécène », *Le Monde*, 17 août 2013.

2. « *Who is Rose Hanbury ?* », *The Sun*, 30 décembre 2021.
3. « *The Final Portrait* », *The Sun*, 30 décembre 2021.
4. « Inside *Kate Middleton's inner circle : the royal's squad of close friends* », *Hello!*, 7 mai 2021.
5. « *Kate Middleton and Kate Hanbury spotted at church* », *Cosmopolitan*, 1er janvier 2020.

8. La Reine est aux anges

1. « *Queen "stuck" as she is warned removing Harry and Meghan titles* », *Daily Express*, 1er janvier 2021.
2. Duché de Cournouailles, *op. cit.*
3. Robert Hardman, *Our Queen*, Hutchinson, 2011 ; John Parker, *The Queen: the New Biography*, Headline, 1991 ; Elizabeth Longford, *Elisabeth II. La couronne et la famille*, Sand/Primeur, 1983 ; Ben Pimlott, *The Queen*, HarperCollins, 1996 ; Roche, *Elizabeth II. La dernière reine, op. cit.*
4. *Ibid.*
5. *Ibid.*
6. Blair, *Mémoires, op. cit.*

II. LA GUERRE DU TRÔNE

9. Pour Elizabeth II,
il n'y a pas de petites économies

1. David Pegg, Rob Evans et Michael Barton, « *Royals vetted more than 1.000 laws via Queen's consent* », *The Guardian*, 8 février 2021. Rob Evans, Severin Carrell et David Pegg, « *Queen secretly lobbied Scottish ministers for climate law exemption* », *The Guardian*, 28 juillet 2021.
2. Roche, *Elizabeth II. La dernière reine, op. cit.*
3. Marc Roche, « *Paradise Papers: A Special investigation* », *The Guardian*, 5 novembre 2017 ; et id., « Lettre de Buckingham – Ces Windsor qui raffolent des paradis fiscaux », *Le Point*, 24 janvier 2022.

4. Marc Roche, *Le Capitalisme hors la loi*, Albin Michel, 2011 ; id., *Banksters*, Albin Michel, 2014 ; id., « Jersey, royaume des trusts », *Le Monde*, 24 mars 2009.

5. Marc Roche, « Coutts Bank, by appointment of Her Majesty The Queen », *Le Monde*, 31 décembre 1995.

6. « *The most popular royalty* », YouGov, avril 2021.

7. « *The Rich List* », *The Sunday Times*, 21 mai 2021. La fortune de la Reine s'élève à 365 millions de livres (440 millions d'euros), soit une hausse de 15 millions de livres par rapport à 2020. Ce pécule privé est considéré comme une fortune moyenne. Le classement exclut les biens appartenant à l'État.

10. Harry et Meghan ruent dans les brancards

1. « *Harry and Meghan, An African Journey* », 21 octobre 2019.

2. Tom Bradby, « *What I have learned* », *The Times*, 23 mai 2020.

3. Amy Hunt, « *Everything we know about Frogmore Cottage in Windsor, including details on its stylish interiors and who lives there now* », *Woman&Home*, 17 avril 2021.

4. Bradby, « *What I've learnt* », art. cit.

11. Les Sussex règlent leurs comptes

1. Montecito est une zone résidentielle aisée proche de la ville de Santa Barbara (Californie). Harry et Meghan ont acheté une propriété dans ce « village » au microclimat idéal où vivent notamment Oprah Winfrey, Rob Lowe et Nathalie Portman.

2. Oprah Winfrey est une animatrice et productrice de télévision et de cinéma, actrice, critique littéraire et éditrice de magazines américaine. Elle est surtout connue pour son talk show, The Oprah Winfrey Show. Malgré les critiques sur la culture de la confession publique qu'elle a initiée, elle est généralement admirée pour avoir surmonté l'adversité et être devenue une philanthrope. Elle a fait partie des invités au mariage de Harry et de Meghan le 19 mai 2018 à la chapelle St George du château de Windsor.

3. Marc Roche, *Un ménage à trois*, Albin Michel, 2009.

4. Simon Perry et Stephanie Petit, « *Why Meghan Markle and Prince Harry's Baby Will Make Royal History* », *People*, 15 octobre 2018.

5. Brené Brown, « *Meghan Markle and Prince Harry: "We Absolutely Adore" Self-Help* », Town&Country, 25 août 2020.

6. Erin Vanderhoof, « *Prince Harry Speaks Out About the Bonds Between Soldiers who have Served in Afghanistan* », *Vanity Fair*, 17 août 2021. Pilote d'hélicoptère, le prince a été envoyé à deux reprises en Afghanistan, en 2008 et en 2012 ; voir aussi Katie Nicholl, *Harry*, Hachette Books, 2018.

12. Simon-le-machiavélique, au service de William et de Kate

1. Lacey, *Guerre royale*, *op. cit.*

2. *Ibid.*

3. Erin Vanderhoof, « *Meghan and Harry Lay Off Their Buckingham Palace Staff* », *Vanity Fair*, 14 février 2020.

4. Le *Cabinet Secretary* est au cœur du *Golden Triangle*, le « triangle d'or », près du 10 Downing Street et de Buckingham Palace. Ce haut fonctionnaire, dont peu de Britanniques connaissent le nom, voire l'existence, fait presque figure de troisième homme – à distance convenable, s'entend – derrière le monarque et le chef du gouvernement. Ses attributions, qu'il assure dans l'ombre, en font un personnage essentiel du royaume : en charge de l'organisation et des minutes du conseil des ministres, il est aussi chef de la fonction publique, le *Civil Service*, fort de 500 000 employés.

Le siège de l'administration centrale, sur Whitehall, l'artère des grands ministères, est gardé comme Fort Knox : il faut franchir un sas hermétique sous l'œil des caméras, déposer son téléphone portable et une pièce d'identité avant de gagner le saint des saints, le bureau de ce fonctionnaire hors pair défendu par une double porte en bois. L'immense table d'acajou qui écrase la pièce est le symbole de la puissance de cette haute sphère de l'État. À la différence du Palais, dans ce bâtiment de style géorgien, élégant, nul décorum, pas le moindre personnage en perruque ou redingote. Pourtant, c'est là que se trouve le centre d'impulsion aussi bien politique qu'administratif. Un couloir souterrain relie le Cabinet Office au 10 Downing Street, la résidence du Premier ministre, soulignant l'unité de lieu du pouvoir. Le Foreign Office, le ministère de la Défense, le ministère des Finances et la chambre des Communes sont à proximité. Buckingham Palace, situé de l'autre côté de St James Park, n'est qu'à quelques encablures de là.

13. Le spectre de Diana plane à nouveau

1. « *William and Harry unite to unveil Diana statue at Kensington Palace* », BBC News, 1er juillet 2021.
2. Marc Roche, « Lettre de Buckingham – Archie, le fils de Harry et de Meghan, ne sera pas prince royal », *Le Point*, 21 juin 2021.
3. Marc Roche, « Le musée-mausolée "Dianaland" a été ouvert au public », *Le Monde*, 3 juillet 1998.
4. Marc Roche, « Lord Spencer, le rebelle d'Althorp », *Le Monde*, 30 août 1998.
5. Marc Roche, « Lettre de Buckingham – "Ghostwriter" au service d'un prince déjanté », *Le Point*, 2 août 2021.

III. ORGUEIL ET PRÉJUGÉS

14. Un suicide en direct

1. Clarence House est la résidence londonienne du prince Charles et de la duchesse de Cornouailles. Mitoyenne du palais de Saint-James dont elle partage le jardin, l'édifice fut la résidence officielle de la Reine-mère entre 1953 et 2002. La maison a été construite au début du XIXe siècle à l'initiative de Guillaume, duc de Clarence, qui hérita du trône britannique en 1830. Elle fut donnée à la princesse Elizabeth et à son époux, le duc d'Édimbourg, après leur mariage en 1947.

Le prince de Galles s'y est installé en 2003 à l'issue d'une rénovation massive des salles principales, décorées par le designer d'intérieur Robert Kime.

En 2018, une équipe de l'émission « Secrets d'histoire » a tourné plusieurs séquences dans la maison dans le cadre d'un numéro diffusé en mai 2018 par France 2.

2. « *Prince Andrew interview, review: Newsnight's steely Emily Maitlis delivers a clinical performance* », *The Telegraph*, 17 novembre 2019.

3. Marc Roche, « Lettre de Buckingham – Le prince Andrew… avec de tels amis, il n'a pas besoin d'ennemis », *Le Point*, 10 janvier 2022.

4. « *Daughter of Holocaust survivor whose family was hidden by Prince Philip's mother Princess Alice in 1943 says story of the "courageous act" must keep being told in her memory*, *Daily Mail*, 18 avril 2021.

5. Roche, *Elle ne voulait pas être reine !*, *op. cit.*

6. « *Prince Andrew may have dated Ghislaine Maxwell, say friends* », *The Telegraph*, 17 janvier 2022.

7. Nicola Oakley, « *The toe-sucking photo that drove Sarah Ferguson out of the royal family* », *Daily Mirror*, 8 octobre 2018.

15. Kate propulsée au firmament

1. « *HRH The Duchess of Cambridge is crowned Catherine the Great* », *Tatler*, juillet/août 2019 ; « *Kate Middleton's "cruel" profile in Tatler cut down after Kensington Palace accuses mag of a "string of lies"* », *The Sun*, 20 septembre 2020.

2. « *Kate's Court: Who's in the Duchess of Cambridge's inner circule?* », *Tatler*, 7 janvier 2022.

3. Omid Scobie et Carolyn Durand, *Harry et Meghan, libres*, Le Seuil, 2020.

4. Lucia Tonelli, « *Kate Middleton Speaks Candidly About Homeschooling During the Pandemic* », *Town&Country*, 1er février 2021.

16. « *Annus horribilis* » *bis*

1. Construit à l'initiative de Guillaume le Conquérant sur la seule colline surplombant la Tamise, la résidence royale est le plus ancien et le plus grand château du royaume. Cette immense forteresse de couleur uniformément grise se tapit au centre d'une toile d'araignée, le comté royal du Berkshire, d'où rayonnent tous ces lieux dont le nom est passé dans l'histoire de la monarchie anglaise : Windsor Great Park, ex-terrain de chasse des chefs saxons et des chevaliers du Moyen Âge, l'hippodrome d'Ascot, les régates d'Henley et le collège privé d'Eton. Chaucer et Shakespeare ont campé des personnages dans ce château déconcertant et émouvant. Le prince Albert, mari adoré de la reine Victoria, y est mort en 1852. Mais Windsor, c'est surtout le nom de la dynastie. George V l'avait adopté en 1917 pour faire oublier à la population les origines allemandes de la lignée. L'imposant mémorial de brique beige érigé en 1937 à l'entrée de la petite ville le rappelle : « À George V, premier souverain de la maison de Windsor ». Enfin, c'est encore dans le bureau du château qu'Edward VIII a lu à la nation sa lettre d'abdication en raison de « la femme que j'aime ». C'est ce jour-là, rappelons-le, qu'Elizabeth II est devenue princesse héritière.

Voir Marc Roche, « Dans le Berkshire, royal berceau des Windsor », *Le Monde*, 16 février 2007.

2. *Annus horribilis*, expression latine signifiant littéralement « année horrible » est l'expression utilisée par la reine pour qualifier l'année 1992, dans un discours prononcé le 24 novembre 1992 à Guidhall, quelques mois après le quarantième anniversaire de son accession au Trône.

3. Roche, *Elizabeth II. La dernière reine*, *op. cit.*

4. *Ibid.*

5. Angela Kelly, *The Other Side of the Coin*, HarperCollins, 2019.

6. YouGov, 19 août 2019.

17. La Reine choisit William

1. Le collège d'Eton (Eton College) est le fleuron des *public schools* britanniques, les pensionnats privés élitistes. L'école pour garçons âgés de treize à dix-huit ans a été fondée en 1440 par le roi Henry VII. L'établissement est situé à Eton, face au château de Windsor. Parmi ses anciens élèves de renom figurent les princes Harry et William, ainsi que le Premier ministre Boris Johnson.

2. Walter Bagehot, l'auteur de *La Constitution anglaise* (1867), a défini les pouvoirs du souverain. Selon le célèbre énoncé, Elizabeth, reine de Grande-Bretagne et d'Irlande du Nord, cheffe du Commonwealth et de l'Église anglicane, commandant en chef des armées, ne peut guère se permettre que de « formuler des avertissements, donner des encouragements et des conseils ». L'auteur ajoute à propos de ces trois droits : « Un roi sensé et sage n'en considère aucun autre. » Autant que le sens du devoir et de l'intérêt général, la célèbre formule de Bagehot a guidé le comportement politique de la souveraine tout au long de son règne. Malgré la prérogative royale, dans les faits Elizabeth II ne règne que sur les cygnes, les baleines et les esturgeons, propriétés royales depuis 1324, croisant dans les eaux territoriales de son royaume.

3. Roche, *Elle ne voulait pas être reine !*, *op. cit.*

4. *Ibid.*

5. *Ibid.*

6. Linda Colley est une experte en histoire britannique, impériale et mondiale à partir de 1700. Elle est actuellement professeure d'histoire à l'université de Princeton. Son dernier livre est intitulé *The Gun, The Ship and the Pen: War, Constitutions and the Making of the Modern World* (W. W. Norton & Company, 2021).

18. La réhabilitation de la scandaleuse Sophie

1. Créé en 1843, racheté par Rupert Murdoch en 1969, le *News of the World* était devenu leader sur le marché des journaux du dimanche, vendant 2,8 millions d'exemplaires. À côté des scandales

sexuels, de nombreux scoops retentissants ont fait la réputation du tabloïd dominical. Son journaliste vedette, Mazher Mahmood, est surnommé le « faux cheikh » en raison du déguisement d'Arabe de la région du Golfe qu'il endosse régulièrement pour piéger ses victimes. Il a ainsi dupé en 2010 Sarah Ferguson, duchesse d'York, qui avait accepté une valise contenant l'équivalent de 50 000 euros en échange d'un accès à son ex-mari, le prince Andrew. En 2001, il a piégé un autre membre de la famille royale, Sophie, comtesse de Wessex, épouse du prince Edward. À la suite du scandale des écoutes, le « NoW » avait cessé sa publication en 2011.

Voir aussi Marc Roche, « Sexe, sang et scandales : le système bien huilé de "News of the World" », *Le Monde*, 29 janvier 2002.

2. « *I'm not gay* », *Daily Mirror*, 10 avril 1990.

19. Le métissage à l'affiche

1. « *Tatler tells – One Year of Meghanomania* », *Tatler*, 27 mars 2019.

2. Lacey, *Guerre royale*, *op. cit.*

3. *Ibid.*

20. Quand Meghan humilie ses collaboratrices

1. « *Who is Jason Knauf and what has he accused Meghan Markle of?* », *The Sun*, 12 novembre 2021.

2. Marc Roche, « Lettre de Buckingham – "Sam la panthère", la meilleure arme de Buckingham contre Meghan », *Le Point*, 6 mars 2021.

3. Gordon Rayner, « *An American at the Palace: Duke and Duchess of Cambridge hire RBS spin doctor Jason Knauf* », *The Telegraph*, 21 novembre 2014.

4. Lacey, *Guerre royale*, *op. cit.*

5. Victoria Ward, « *Duke and Duchess of Cambridge's former press secretary to run their Royal Foundation* », *The Telegraph*, 23 juillet 2019.

21. *Vogue*, le « coup » de trop

1. Victoria Ward, « *Meghan Markle guest edits September edition of British Vogue* », *The Telegraph*, 28 juillet 2019.

2. Nicholl, *Kate*, *op. cit.*

3. Caragh Taylor, « *Prince Harry And Meghan Markle 'Make Royal History' With All-Female Team* », *Elle*, 22 août 2019.

4. Michelle Obama avait mis sa main sur l'épaule de Sa Majesté, au mépris du protocole. Les convives ne peuvent pas toucher la Reine. La main molle qu'elle vous tend doit être tout au plus effleurée. Dès que vous vous approchez de trop près, elle a un petit geste de recul. « *Nemo me impune lacessit* » (« Personne ne me touche avec impunité ») est son leitmotiv. Elle possède cette formidable capacité à regarder les gens dans les yeux et d'un seul regard leur signifier qu'ils vont trop loin.

5. De l'avis général, Ronald Reagan (1981-1989) fut le président préféré de la Reine, comme l'atteste son séjour à Windsor et leur promenade à cheval dans le parc du château, point culminant de la visite officielle du chef de l'exécutif américain et de Nancy en juin 1982. Le courant passait entre l'ancien acteur hollywoodien et la Reine. Thatcher en avait même été un peu jalouse. L'intervention militaire unilatérale des États-Unis, en 1983, à la Grenade (Antilles), n'avait pas gâché cette amitié, malgré la remontrance peu amène de Maggie à Ronnie : « Après tout, ce sont les îles de Sa Majesté. »

6. Bianca Betancourt, « *Prince Harry Didn't Want His Son to Grow Up in the Royal Spotlight, According to Dr. Jane Goodall* », *Harper's Bazaar*, 13 avril 2020.

7. « *Meghan's "woke" Vogue is shallow and divisive* », *The Times*, 31 juillet 2019 ; Camilla Tominey, « *Misguided and patronising, the Duke and Duchess of Sussex need to get real* », *The Telegraph*, 31 juillet 2019 ; Helen Lewis, « *The Issue With Meghan Markle's* Vogue *Issue* », *The Atlantic*, 23 juillet 2019.

8. « *Virginia Chadwyck Healey: Kate Middleton's new stylist is a former Vogue fashion editor and her "secret weapon"* », *Evening Standard*, 2 avril 2019.

22. La rupture est consommée

1. Chloe Foussianes, « *Sara Latham, Meghan Markle and Prince Harry's New PR Manager, Worked for Hillary Clinton's Campaign* », *Town&Country*, 14 mars 2019.

2. Gill, *Duchy of Cornwall*, *op. cit.*

3. Lacey, *Guerre royale*, *op. cit.*

4. « *Prince William and Kate Middleton snap up the Sussexes' social media star: Couple hire Prince Harry and Meghan Markle's "secret weapon" David Watkins to run their digital communications* », Mail on Line, 8 mai 2020.

5. Caity Weaver, « *A Royal Instagram Mystery* », *The New York Times*, 27 février 2020.

23. Ultime humiliation

1. Marc Roche, « Le rêve impérial de Boris Johnson », *Le Point*, 5 décembre 2019.

2. « *Meghan Markle's wedding was a rousing celebration of blackness* », *The Guardian*, 20 mai 2018.

3. Ben Quinn, « *Meghan and Harry racism row "may deepen schisms in Commonwealth"* », *The Guardian*, 10 mars 2021 ; Michael Howie, « *Backlash in Commonwealth after Harry and Meghan's claims of racism* », *Evening Standard*, 10 mars 2021.

4. « *Covid: William and Kate plan train tour to thank key workers* », BBC News, 5 décembre 2020.

24. Des funérailles qui n'apaisent pas les esprits…

1. Marc Roche, « Prince Philip, le joyeux de la couronne », *Le Point*, 18 avril 2021.

2. Louis Mountbatten, 1er comte Mountbatten de Birmanie, né prince Louis Francis Albert Victor Nicholas von Battenberg le 25 juin 1900 à Windsor et mort le 27 août 1979 à Mullaghmore, amiral de la flotte et homme d'État, est le dernier vice-roi de l'Inde

britannique et premier gouverneur général de l'Inde indépendante. En épousant Norton Mounbatten, petit-fils de Lord Louis, elle est devenue comtesse de Birmanie. Penelope Meredith Mary Knatchbull, née Eastwood le 16 avril 1953 à Londres, connue jusqu'en 2005 comme Lady Romsey et depuis 2017 sous le nom de Lady Brabourne, est l'épouse de Norton Knatchbull, troisième comte Mountbatten de Birmanie.

3. Camilla Tominey, « *Prince Philip's close friend Countess Mountbatten attends funeral on behalf of ill husband* », *The Telegraph*, 17 avril 2021.

4. Aliss Higham, « *Prince Edward and Prince Charles – do the brothers get on? Inside relationship* », *Daily Express*, 15 novembre 2020 ; Richard Kay, « *Sibling rivalry… and the real reasons why Charles will deny his father's long-stated wish for Prince Edward to succeed as the Duke of Edinburgh* », Dailymail.co.uk, 14 juillet 2021.

25. Andrew face aux avocats « made in USA »

1. Helen Rumbelow, « *Prince Andrew's man in Hollywood: the lawyer Andrew Brettler* », *The Times*, 15 septembre 2021.

2. Victoria Ward, « *Prince Andrew is being failed by his legal team's strategy, fear courtiers* », *The Telegraph*, 18 septembre 2021.

3. Will Pavia, « *David Boies, the American lawyer who has Prince Andrew in his sights* », *The Times*, 24 septembre 2021.

26. Les adieux de Treetops

1. Roche, *Elizabeth II. La dernière reine*, *op. cit.*

2. « *Kenya's oldest safari lodge Treetops where Princess Elizabeth became Queen has been forced to close due to the pandemic – after being recreated for The Crown* », Dailymail.co.uk, 15 octobre 2021.

3. Roche, *Elle ne voulait pas ête reine !*, *op. cit.*

27. Le premier mariage gay dans la famille royale

1. Hilary Weaver, « *The British Royal Family Finally Had a Same-Sex Wedding* », *Vanity Fair*, 24 septembre 2018.
2. Lownie, *The Mountbattens*, *op. cit.*
3. Roche, *Elle ne voulait pas être reine !*, *op. cit.*
4. Simon Perry, *Inside Princess Margaret's Marriage to Bisexual "Swordsman" Tony Armstrong-Jones* », *The People*, 7 février 2019.
5. *Keeping Up With the Aristocrats*, ITV (documentaire en quatre épisodes suivant quatre couples de l'aristocratie britannique) ; Marc Roche, « Lettre de Buckingham Palace – Quand le gay Windsor s'affiche », *Le Point*, 31 janvier 2022.

28. Le fils d'Anne au service de la Chine

1. Stephanie Petit, « *Queen Elizabeth Hasn't Ridden Her Beloved Horses in Nearly 2 Months Due to "Discomfort"* », *People*, 28 octobre 2021.
2. Le Canada est le pays que la Reine Elizabeth II connaît le mieux. Le traitement réservé par la population à la souveraine du « Royaume-Uni, du Canada et d'autres territoires » reflète un schisme têtu : les anglophones en majorité protestants portent aux nues « leur » souveraine tandis que les francophones, en majorité catholiques, sont au mieux indifférents. Mais un grand nombre ne supportent pas d'être qualifiés de « sujets de Sa Majesté ». Dans la Belle Province, en 1964, elle est huée par des supporters du Front de Libération du Québec. L'hostilité des années 1970-1980 de contestation indépendantiste a fait place, après l'échec du référendum sur l'indépendance de 1995, à un respect teinté d'ironie. « La reine est comme un vieux meuble qui fait partie des bijoux de famille dont on ne se résout pas à se débarrasser. » Elle se sent canadienne autant que reine du Canada. Si elle devait s'exiler ou prendre sa retraite à l'étranger, le Canada de l'intérieur, avec sa nature sauvage et ses rapports sociaux apaisés, serait indiscutablement son premier choix.

3. « *Former minister calls for probe into Peter Phillips over his Chinese TV ad for milk* », Dailymail.co.uk, 21 janvier 2020.

29. Poutine a infiltré les Windsor

1. « *A new Russia policy for post-Brexit Britain* », Chathamhouse.org, 27 janvier 2022.

2. La princesse Michael de Kent (née baronne Marie Christine von Reibnitz) a épousé en 1978 le prince Michael de Kent, membre de la famille royale britannique et cousin de la reine Elizabeth II. Ils ont deux enfants, Lord Frederick Windsor et Lady Gabriella Kingston. Elle a été accusée de propos désobligeants vis-à-vis des minorités en demandant au cours d'un dîner dans un restaurant new-yorkais à la mode à un groupe de Noirs attablés et bruyants de « retourner dans leurs colonies ». William Langley, « *Princess Michael of Kent: life beneath the tiara* », *The Daily Telegraph*, 15 décembre 2013.

30. William « tue » Tom Bradby

1. Jemma Carr, « *ITN's Tom Bradby says Prince Harry and William have been arguing for 'past year and a half' and denies being the man who landed ITV the rights for Meghan Markle and Harry's interview with Oprah Winfrey* », Dailymail.co.uk, 8 mai 2021 ; Isabelle Aron, « *Prince William "ends friendship" with ITV Tom Bradby over relationship with Prince Harry* », *The Independent*, 8 avril 2021.

31. Jason Knauf, un héros et un traître à la cour d'Angleterre

1. Tristan Kirk, « *Meghan's correspondence with aide Jason Knauf over Markle letter and Finding Freedom biography* », *Evening Standard*, 11 novembre 2021 ; Martin Robinson, « *Meghan Markle's top aide said to have "regretted" not giving evidence in Duchess of Sussex's first legal battle* », Dailymail.co.uk, 11 novembre 2021 ; Marc Roche, « *Lettre de Buckingham – Jason Knauf, un traître et un héros à la cour d'Angleterre* », *Le Point*, 15 novembre 2021.

32. La BBC jette un pavé dans la mare

1. « *BBC "risks impartiality" with Amol Rajan's programme on young royals* », *The Telegraph*, 6 novembre 2021.

2. Anita Singh, « *The Princes and the Press, review: the documentary with no bombshells* », *The Telegraph*, 22 novembre 2021.

3. « *Prince Harry gave Charles just 20 minutes' notice before he "crushed" his vital Middle East tour* », *The Sun*, 26 juillet 2020.

4. « *Prince Harry says "Megxit" is a misogynistic term aimed at his wife Meghan* », *The Guardian*, 10 novembre 2021.

5. Hannah Furness, « *Meghan sends lawyer to defend her against "difficult boss" claims on BBC documentary* », *The Daily Telegraph*, 23 novembre 2021 ; Camilla Tominey, « *Who is Jenny Afia, the new face of Harry and Meghan's defence ?* », *The Telegraph*, 24 novembre 2021.

IV. PROFESSION : ATTENDRE

33. Un putsch aux conséquences terribles

1. Christopher Geidt, baron Geidt, est membre de la Chambre des lords. Il a été secrétaire privé de la reine Elizabeth II de 2007 à 2017. Moulé à l'académie militaire de Sandhurst, il fait carrière dans le renseignement avant de rejoindre le think tank militaire Royal United Services Institute puis le Foreign Office, servant notamment en Bosnie. Geidt est recruté au Palais en 2002 et devient sous-secrétaire privé en 2005. Début mars 2019, il est nommé Lord in Waiting, l'un des pairs exerçant des fonctions royales.

2. Lacey, *Guerre royale*, *op. cit.*

3. Le restaurant de la Chambre des lords est incontestablement le meilleur du Parlement de Westminster : gastronomie fine, vins excellents et service impeccable, sans parler du décor grandiose.

4. La nourriture servie dans le restaurant du Palais réservé aux cadres est lourde, riche et bourrative. Mais la cave est excellente.

5. Lacey, *Guerre royale*, *op. cit.*

6. Bill Gardner, « *Queen rewards right-hand man for guiding her through "bumpy" year of Brexit and Prince Andrew* », *The Telegraph*, 27 décembre 2019.

7. Ben Quinn, « *Christopher Geidt: ex-royal aide well equipped for Downing Street test* », *The Guardian*, 28 mai 2021.

34. Rien ne va plus entre Charles et William

1. Diandra Malivindi, « *Prince William Apparently Felt "Disdain" Toward Prince Charles Prior To His Divorce From Diana* », *Marie Claire*, 6 novembre 2020 ; voir aussi Lacey, *Guerre royale*, *op. cit.*

2. « *Prince William has "a great relationship" with Kate Middleton father Michael & sees him as a second dad* », Theroyalobserver.com, 20 décembre 2021.

3. Roche, *Un ménage à trois*, *op. cit.*

4. *Ibid.*

35. La mainmise d'un serviteur sur son maître

1. Katie Weston, « *Prince Charles's former "right-hand man" Michael Fawcett co-ordinated with "fixers" over honours for Saudi billionaire donor to The Prince's Foundation, probe finds* », Dailymail.co.uk, 2 décembre 2021 ; Rebecca English et Mark Duell, « *Charles is "drawing a line" under Michael Fawcett scandal as he "prepares to be king"* », Dailymail.co.uk, 12 novembre 2021 ; Rachel Bunyan, « *Camilla wants Prince Charles's "damaging" fixer Michael Fawcett "pushed out" over "cash for Knighthood" scandal* », Dailymail.co.uk, 31 octobre 2021.

2. Le duché de Cornouailles met à la disposition du personnel de la maison princière des propriétés de fonction lui appartenant à un loyer très modeste.

3. Sir Michael Peat fut secrétaire privé du prince Charles entre 2005 et 2011. Descendant de la famille fondatrice du cabinet

comptable Peat Warwick, il est réputé pour avoir modernisé la gestion de Buckingham Palace. Il est employé à mi-temps par S.A.R. pour le conseiller en matière de placements financiers du duché. Il conseille des oligarques russes. Voir Roche, *Elizabeth II. La dernière reine*, *op. cit.*

36. Un mariage d'amour

1. Marc Roche, « Camilla reine des hobereaux », *Le Monde*, 6 mai 2005 ; id., « Une cérémonie sans faste à Windsor », *Le Monde*, 8 mai 2005.

2. Roche, *Un ménage à trois*, *op. cit.*

3. *Ibid.*

4. Iris Goldsztajn, « *Princes William and Harry "Definitely Approve" of Prince Charles and Camilla's Relationship, Body Language Expert Says* », *Marie Claire*, 9 décembre 2021 ; Jasmine Rapson, « *Prince Harry says Camilla "is not a wicked step-mum" and wants people to feel sorry for her* », *The Daily Record*, 29 juillet 2018.

5. Le Grand National hippique d'Aintree, la course la plus populaire du pays, accueille 65 000 spectateurs dans l'hippodrome proche de Liverpool. Créée en 1839, cette manifestation est chère à la Reine qui y a engagé plusieurs de ses pur-sang au cours de son règne. En 1956, l'un de ses chevaux, Devon Lock, qui avait fait la course en tête est tombé dans la dernière ligne droite. Son amour des chevaux est particulièrement visible à l'hippodrome d'Ascot où l'auteur de ce livre l'avait rencontrée, il y a quelques années, à l'occasion du Prix du roi George VI. « Je crois que ce sera une belle course, Ma'am » : le visage serein se renfrogne comme si ses émotions hippiques ne regardaient qu'elle. Le chemin du paddock est bloqué par la foule. Mais c'est là qu'Elizabeth se révèle une experte équine. Elle comprend réellement les pedigrees et peut remarquer au premier coup d'œil le pied, les hanches, les épaules d'une bonne pouliche. Elle adore les hippodromes, le martèlement des sabots, le halètement des galopeurs et l'odeur du crottin. Cette avide turfiste suit à la télévision la retransmission des courses ou visionne des

cassettes des épreuves qu'elle ne peut regarder en direct. Outre son secrétaire privé et feu son mari, le directeur de ses écuries, l'entraîneur des pur-sang et certains éleveurs sont les seuls à posséder son numéro de téléphone portable. Ils ont le droit de l'appeler à tout moment. S'inspirant de l'étendard royal, Elizabeth choisit également ses propres couleurs : casaque écarlate, manches bouffantes pourpres, toque noire. À la mort de son père, en 1952, la nouvelle Reine hérite de ses écuries et d'une trentaine de chevaux de course. Au fil des ans, la propriétaire peut se targuer d'avoir remporté quatre des cinq classiques anglaises, seul le Derby d'Epsom lui manque pour réaliser le grand chelem hippique. En 1974, lors du Prix de Diane à Chantilly, elle assiste au triomphe de son cheval, Highclere, qui devance de deux longueurs le favori, Comtesse de Loir. Voir Sean Smith, *Royal Racing*, BBC Books, 2001.

6. William Shawcross, *Elizabeth, la reine mère. Biographie*, Philippe Rey, 2011.

7. Caroline Hallemann, « *The Sentimental Story Behind Camilla's Engagement Ring from Prince Charles* », *Town&Country*, 23 mai 2020.

37. Charles a-t-il tué Diana ?

1. Marc Roche, « Mission : élucider l'affaire Diana », *Le Monde*, 26 mai 2006 ; id., « Charles, un homme de Scotland Yard vous demande », *Le Monde*, 12 décembre 2005.

2. Paul Burrell, *Confidences royales*, Michel Lafon, 2003.

3. « *Princess Diana letter claims Prince Charles was "planning an accident" in her car – months before she died in a crash* », *Daily Mirror*, 20 octobre 2003.

4. « L'accident mortel de la princesse Diana et de Dodi Al Fayed a pour causes principales l'état d'ébriété du chauffeur et un accrochage avec une autre voiture », *Le Monde*, 27 octobre 1998.

5. Marc Roche, « Mohamed Al Fayed, paria de l'establishment », *Le Monde*, 30 août 1998.

6. Hasnat Ahmad Khan est un chirurgien cardiothoracique britannique d'origine pakistanaise qui a eu une relation amoureuse

avec la princesse Diana de 1995 à 1997. Voir Roche, *Un ménage à trois, op. cit.*

7. Marc Roche, « Affaire Diana : l'ancien chef du Yard Lord Stevens accable le chauffeur Henri Paul », *Le Monde*, 11 décembre 2006 ; id., « *Le mystère de la Fiat Uno n'est pas résolu* », *Le Monde*, 27 août 2007.

38. Le prince Charles, futur roi contrarié

1. Robert Jobson, *Charles at Seventy*, John Blake, 2018 ; Catherine Mayer, *Charles: The Heart of a King*, WH Allen, 2015 ; Tom Bower, *Rebel Prince*, Williams Collins, 2018 ; Michel Faure, *Charles, roi d'Angleterre*, L'Archipel, 2021.

2. Le titre de régent n'existe pas formellement sur le plan constitutionnel. Le Parlement doit l'accorder en cas d'incapacité mentale du souverain. Ce fut le cas de George, prince régent (1811–1820) nommé à cette position en raison des troubles mentaux de son père, George III. Il régna de 1820 à 1830 sous le nom de George IV.

3. « *Prince Charles at 70: "I do realise that it is a separate exercise being sovereign"* », *The Guardian*, 10 novembre 2018 ; Marc Roche, « Le prince Charles, futur roi contrarié », *Le Point*, 8 novembre 2018.

39. Le discours d'une reine

1. « *Coronavirus: The Queen's message seen by 24 million* », *BBC News*, 6 avril 2020.

2. Roche, *Elle ne voulait pas être reine !, op. cit.*

3. Vera Lynn (1917-2020) est une chanteuse britannique qui a marqué la période de la Seconde Guerre mondiale. Elle avait animé une émission radio très populaire, « Sincerely yours », destinée à réconforter les forces armées. Elle en a gardé un surnom, « la fiancée des forces armées » (« *The Forces Sweetheart* »). Sa chanson la plus célèbre, « *We will meet again* » (« On se retrouvera »), a été citée par la Reine dans son discours.

4. « *Lukewarm welcome for William and Kate in royal tour of Scotland and Wales* », *The Guardian*, 8 décembre 2020.

40. Le camouflet de *The Crown*

1. Marc Roche, « “The Crown”, saison 5 : les Windsor redoutent le pire », *Le Point*, 19 juillet 2021.

2. Marc Roche, « Lettre de Buckingham – Saison 5 de “The Crown” : scandales en série », *Le Point*, 9 novembre 2021.

3. « *Prince Harry on life in California and what he thinks about The Crown* », BBC News, 26 février 2021.

4. Andrew Morton, *Diana, Her True story*, Michael O'Mara, 1992.

5. Roche, *Un ménage à trois, op. cit.*

6. « *Eton “bans Netflix from filming The Crown at the College”* », Dailymail.co.uk, 14 décembre 2021.

41. Camilla et Kate ou les deux visages du matriarcat royal

1. Nicholl, *Kate, op. cit.*

2. Bower, *Rebel Prince, op. cit.*

42. Charles-Harry, la haine

1. Martin Robinson, « *Prince Harry says he severed ties with Saudi billionaire at centre of “cash for honours” scandal that saw Prince Charles closest aide step down* », Dailymail.co.uk, 5 décembre 2021.

2. Sean O'Neill, « *Prince's allies help pick charity regulator investigating “cash for honour” allégations* », *The Times*, 27 novembre 2021.

3. « *Some people like to work! “Privileged” Prince Harry is slammed on social media for saying that leaving your job will bolster “mental health awakening” during new interview to promote startup* », Dailymail.co.uk, 6 décembre 2021.

4. Christopher Andersen, *Inside The Private Lives of William, Kate, Harry and Meghan*, Simon & Schuster, 2021.

5. Jobson, *Charles at Seventy, op. cit* ; Charles, *The Heart of*

a King, *op. cit.* ; Bower, *Rebel Prince*, *op. cit.* ; Faure, *Charles, roi d'Angleterre*, *op. cit.*

43. Alerte santé : le grand camouflage

1. « *BBC star hits out at palace for "not giving complete picture" on Queen's health* », *Daily Mirror*, 22 octobre 2021.
2. « *Royal lifespans found to be longer than those of normal mortals* », *The Telegraph*, 26 décembre 2021 ; Marc Roche, « Lettre de Buckingham – Royaume-Uni : oui, on vit plus vieux dans la famille royale », *Le Point*, 3 janvier 2022.
3. Claudia Aoraha, « *Palace aides told to "cut back" Queen's "exhausting" schedule after health scare as senior royals set to step in* », *The Sun*, 24 octobre 2021.
4. « *Queen tells Cop26 in video address it is "time for action" on climate* », *The Guardian*, 1er novembre 2021.
5. « *Through gritted teeth. "I hate doing this. Bloody people. I can't bear that man anyway. He's so awful, he really is. I hate these people"* », *The Guardian*, 1er avril 2005.
6. « *The Queen spotted driving car near Windsor estate* », BBC News, 1er novembre 2021.

44. La Barbade devient république

1. Stephen Bates, « *Prince Charles threatens legal action over China memo* », *The Guardian*, 14 novembre 2005.
2. Victoria Murphy, « *Prince Charles Calls Slavery an "Appalling Atrocity" Which "Forever Stains Our History" in Landmark Speech* », *Town&Country*, 30 novembre 2021.
3. Valentine Low, « *First black equerry selected by the Queen* », *The Times*, 10 juillet 2017.

45. L'Entente cordiale tangue dangereusement

1. « Pourquoi les relations franco-britanniques sont au plus bas », interview de Lord Ricketts, ex-ambassadeur à Paris, qui dresse l'état

des lieux de l'« Entente cordiale », par Marc Roche, *Le Point*, 6 août 2021.

2. Roche, *Elle ne voulait pas être reine !*, *op. cit.*

3. L'accord de retrait entre l'UE et le Royaume-Uni, Commission européenne, 12 novembre 2019.

4. « *President Macron "absolutely wrong" to blame Britain for migrant crisis, says Priti Patel* », *The Times*, 2 février 2022.

5. *Le Canard Enchaîné*, 2 décembre 2021.

6. Confidence à l'auteur lors d'une réception au château de Windsor le 25 avril 2002.

7. Marc Roche, « Les subtilités d'un repas de rois à l'Élysée », *Le Monde*, 7 juin 2014.

8. « *Boris Johnson orders de-escalation of tensions with France* », *The Financial Times*, 6 décembre 2021.

46. Le mystère de la robe rouge

1. Seward, *My Husband and I*, *op. cit.* ; *Philip and Elizabeth*, *op. cit.*

2. « *"Not a surprise!" Harry and Meghan's popularity unravels while William and Kate skyrocket* », *Daily Express*, 2 février 2022.

3. « *Prince Harry claims it is not safe for him to return to Britain* », *The Telegraph*, 15 janvier 2022.

4. *Le Point*, 15 janvier 2022.

5. Marc Roche, « Lettre de Buckingham – Tim O'Donovan, le spéléo de la monarchie », *Le Point*, 18 janvier 2021.

47. Avec de tels amis, pas besoin d'ennemis

1. Né en 1841, mort en 1910, « Bertie » succéda à sa mère Victoria en 1901 après une longue attente. En tant que prince de Galles, en 1891, le futur Edward VII fut impliqué dans le scandale de jeu de cartes lorsqu'il fut révélé qu'il avait joué une partie illégale en misant de l'argent l'année précédente. Le prince fut obligé d'apparaître comme témoin devant le tribunal car l'un des participants

porta plainte pour diffamation contre les autres joueurs après qu'ils l'eurent accusé d'avoir triché.

2. Adrian Zorzut, « *Prince Andrew may have dated Ghislaine Maxwell as pair had an "easy warmth" around each other, pal believes* », *The Sun*, 17 janvier 2022.

3. « *Epstein and Maxwell pictured at Queen's residence at Balmoral* », BBC News, 9 décembre 2021.

4. Mary de Teck, née en 1867 et morte en 1953, fut l'épouse de George V et reine consort entre 1910 et 1936 sous le règne de son époux. Elle s'occupa de la formation de la princesse héritière Elizabeth. Voir Roche, *Elizabeth. La dernière reine*, *op. cit.*

5. L'ordre de la Jarretière est basé au château de Windsor. Si la plupart des titres nobiliaires et des décorations sont octroyés par Downing Street, la souveraine choisit en toute autonomie les bénéficiaires de l'ordre honorifique le plus prestigieux. Selon la légende, en 1348, au cours d'une réception donnée par Edward III, la comtesse de Salisbury perdit l'une de ses jarretières en dansant avec le roi. Le monarque la ramassa en s'écriant « Honni soit qui mal y pense ! ». Il institua sur-le-champ l'ordre de la Jarretière qu'il destina au prince héritier et à vingt gentilshommes.

6. « *Prince Andrew in a new £220,000 Bentley* », Dailymail.co.uk, 25 avril 2021.

Épilogue. La Reine est morte, vive le Roi !

1. Construit au XVIIIe siècle, le château de Hillsborough est la résidence officielle de la souveraine lorsqu'elle séjourne en Irlande du Nord. À l'origine un monastère fondé en 1128, le palais de Holyrood est quant à lui situé à Édimbourg. L'édifice a été la résidence principale des rois et reines d'Écosse et de la reine Elizabeth II lors de ses séjours officiels en Écosse.

2. Roche, *Elle ne voulait pas être reine !*, *op. cit.*

3. Voir note 2 page 327.

Remerciements

J'exprime toute ma reconnaissance au talentueux et implacable Dominique Dunglas, un ami de plus de quarante ans, qui a corrigé le manuscrit avec intelligence, clairvoyance et dévouement.

Je suis reconnaissant à tous ceux qui m'ont soutenu dans ce projet :

Luc de Barochez, Florent Barraco, Jérôme Béglé, Christophe Berti, Florence Bourg, William Bourton, Colette Braeckman, Cathy Brooks-Baker, Éric Burgraff, Catherine Colonna, Éric Fottorino, Jérôme Fritel, Mathilde Gardin, Étienne Gernelle, John et Dominique Glover, Chloe Goudenhooft, Antoine Guélaud, Nick Guthrie, Paul Hardman, Paddy Haverson, Robert Lacey, Sébastien Le Fol, Virginie Malingre, Alain Mlynck, Michel Ogrizek, Julien Peyron, Toby Poynder, Michel Richard, Nicole Scharf, Jean-Luc Schilling, John et Tita Shakeshaft, Laure Van Ruymbeke.

Une mention particulière au regretté François Turmel et à mon préparateur physique, Arnau Martinez.

Il en va de même des très nombreux interlocuteurs qui m'ont encouragé tout en réclamant l'anonymat.

Que mon éditeur, Alexandre Wickham, trouve ici l'expression de ma gratitude. Je tiens également à remercier sa précieuse collaboratrice, Patricia Picard, et la responsable de la presse, Agnès Olivo, ainsi que toute l'équipe de cette merveilleuse et loyale maison qu'est Albin Michel pour son formidable travail.

DU MÊME AUTEUR

Diana. Une mort annoncée
avec Nicholas Farell
Scali, 2006

Elizabeth II. La dernière reine
La Table ronde, 2007

Un ménage à trois
Albin Michel, 2009

La Banque
Albin Michel, 2010

Le Capitalisme hors la loi
Albin Michel, 2011

Les Banksters
Albin Michel, 2014

Histoire secrète d'un crash qui dure
Albin Michel, 2016

Diamants. Enquête sur un marché impur
Talllandier, 2017

Le Brexit va réussir
Albin Michel, 2018

Elle ne voulait pas être reine !
Albin Michel, 2020

Composition Nord Compo
Impression CPI Bussière en juin 2022
Éditions Albin Michel
22, rue Huyghens, 75014 Paris
www.albin-michel.fr
ISBN : 978-2-226-46418-7
N° d'édition : 24547/02 – N° d'impression : 2065792
Dépôt légal : mai 2022
Imprimé en France